AF609234

La résolution de problèmes à l'usage des managers

L'art du consensus

Éditions d'Organisation
1, rue Thénard
75240 Paris Cedex 05
Consultez notre site :
www. editions-organisation.com

DANGER
LE PHOTOCOPILLAGE TUE LE LIVRE

Le code de la propriété intellectuelle du 1er juillet 1992 interdit en effet expressément la photocopie à usage collectif sans autorisation des ayants droit. Or, cette pratique s'est généralisée notamment dans l'enseignement, provoquant une baisse brutale des achats de livres, au point que la possibilité même pour les auteurs de créer des œuvres nouvelles et de les faire éditer correctement est aujourd'hui menacée.

En application de la loi du 11 mars 1957, il est interdit de reproduire intégralement ou partiellement le présent ouvrage, sur quelque support que ce soit, sans autorisation de l'Éditeur ou du Centre Français d'Exploitation du Droit de copie, 20, rue des Grands Augustins, 75006 Paris.

© Éditions d'Organisation, 2005
ISBN : 2-7081-3310-1

Michel Kieffer

La résolution de problèmes à l'usage des managers

L'art du consensus

Éditions
d'Organisation

Remerciements

Je remercie ma famille, mes amis et tous les membres des groupes de travail qui m'ont aidé, conseillé et soutenu dans le développement de la méthode COCYANE.

Je les remercie pour l'intérêt qu'ils ont porté à mon travail et pour leurs suggestions qui m'ont permis d'améliorer cet ouvrage.

Le livre d'un seul coup d'œil

SOMMAIRE

Chapitre 5

Chapitre 6

Introduction

Vous intéressez-vous plutôt aux «processus» ou plutôt aux «résultats»?

Lorsque vous êtes responsable d'un nouveau projet, vous intéressez-vous plutôt aux résultats ou plutôt au processus de conduite du projet?

J'ai constaté que nos entreprises et nos administrations génèrent de multiples erreurs et échecs faute de processus pertinents.

Un management basé sur les résultats peut conduire à des effets positifs mais ces résultats sont aléatoires. Un management basé sur des processus pertinents conduit à de bons résultats de manière fiable et systématique.

Mon objectif est de vous transmettre un tel processus. Il s'agit d'un mode de management qui vous garantit les meilleurs résultats de manière constante et répétitive.

Quelle est la raison principale qui explique l'absence de processus pertinent, situation qui génère de multiples erreurs de décision et d'échecs?

Une des raisons déterminantes est certainement l'association idée/individu. Le décideur s'identifie à son idée, il veut associer son nom propre à sa solution.

Nous parlerons alors du plan ou de la solution X (X étant le nom du manager qui a imaginé la solution).

L'association idée/individu a de multiples inconvénients qui se renforcent mutuellement. Quels en sont donc les effets?

- **Effet n° 1** : le décideur veut absolument mettre son idée en avant, à tel point qu'il confond le besoin initial et la solution. Il comprend mal le besoin réel. Ceci s'explique, car il est aisé d'associer son nom à une solution mais difficile d'associer son nom à un besoin. CHRISTIAN MOREL, dans son livre *Les décisions absurdes* (éd. Folio Essais), souligne «… *il est beaucoup plus facile de produire des solutions que de réfléchir à des objectifs… Il n'est pas rare qu'un objectif, à peine esquissé, soit aussitôt suivi d'une solution précise, qui faute d'un objectif clair, divague.*». Bien entendu le décideur a une vue au moins partielle du besoin mais il ne l'a ni formulé ni écrit.
  Se focaliser sur une solution sans avoir «écrit» le besoin initial favorise les solutions hors sujet et limite forcément la quantité et la variété des solutions imaginées.

Le besoin peut concerner :
- un produit;
- un service;
- un recrutement;
- une organisation;
- un problème;
- un processus;
- un événement…

- **Effet n° 2** : le décideur n'a pas imaginé beaucoup de solutions (sous entendu il existe certainement d'autres solutions meilleures). L'effet 2 découle de l'effet 1 mais aussi, pour pouvoir revendiquer la paternité de son idée, le décideur préfère travailler seul. C'est lui qui réfléchit! D'ailleurs l'école dont il est issu le conforte dans ce mode de fonctionnement : n'a-t-il pas entendu maintes fois pendant ses études «vous êtes les meilleurs»? Mais le travail en solo est toujours «pauvre» en quantité de solutions imaginées face à une problématique. SYDNEY FINKELSTEIN, dans son livre *Quand les grands patrons se plantent* (éd. Editions d'Organisation), souligne : *«Les leaders définissent les règles du jeu et mettent en œuvre un programme pour remporter la victoire, mais ils ne peuvent pas, ils ne devraient pas, essayer de remporter le match à eux tout seuls.»*. La conséquence est grave, le décideur passe à coté de solutions nettement meilleures en coût et en efficacité, mais il ne le sait pas!
- **Effet n° 3** : le décideur est verrouillé sur sa solution (c'est-à-dire qu'il ne changera plus d'avis). Il perçoit toute critique de sa solution comme une attaque personnelle. Il déploiera beaucoup d'efforts pour vendre sa solution à son entourage. Il percevra tout collaborateur qui s'oppose à sa solution comme quelqu'un soit peu motivé, soit qui ne «comprend pas». Sydney Finkelstein affirme : «*En face de toute idée stratégique... il est impératif de douter et de discuter avant de lancer et de mobiliser.*» Il précise par ailleurs que «*... les qualités de leadership empêchent les dirigeants de l'entreprise de changer d'optique*». Mais ce type de décideur est un «stratège» : dès le départ il aura pris soin de réduire voire d'éliminer les contre-pouvoirs potentiels. Et, si les contre-pouvoirs s'expriment quand même, il les écoutera peut-être mais ne les entendra pas.

Qu'est-ce qui prédispose à une «association idée/individu»? L'ego certainement. SYDNEY FINKELSTEIN, pour prédire les situations dangereuses, identifie parmi les signaux d'alarme essentiels : *«un certain degré d'agressivité ou une trop grande confiance en soi... la réussite à grande échelle... le succès...»*.

Pour résumer, le décideur qui pratique l'association idée/individu :
- comprend mal ou partiellement le besoin réel (effet 1);
- passe à coté de solutions nettement meilleures en coût et en qualité (effet 2);
- est verrouillé sur sa propre solution, solution qui n'est pas du tout optimum (effet 3).

Ce modèle de prise de décision manque d'efficacité et génère beaucoup de frustrations dans les équipes qui y sont soumises. Il explique de multiples échecs, quasi échecs ou simplement des décisions non optimisées.

Mais ce modèle aux effets négatifs ne concerne pas seulement les décideurs de très hauts niveaux, il nous concerne tous plus ou moins.

L'objectif de ce livre est de rompre avec ce modèle et d'en sortir en adoptant un processus intrinsèquement fiable et performant.

Dans son livre *Le syndrome du Titanic* (éd. Calmann-Lévy), NICOLAS HULOT insiste sur la manière de traiter les grandes problématiques environnementales qui engagent l'avenir de notre planète : «*... Il s'agirait donc d'instaurer des structures de réflexion qui échappent à la cadence quotidienne et évitent qu'un seul homme, si éminent soit-il, concentre toutes les décisions entre ses mains, ainsi que ce fut largement le cas dans les dossiers de la vache folle, de l'amiante...*».

En d'autres termes, NICOLAS HULOT n'appelle-t-il pas à la mise en place d'un processus intrinsèquement fiable et performant?

Normes analyse de la valeur européennes et françaises :
NF EN 1325-1
FD X 50-101
NF X 50-150
NF X 50-151
NF X 50-152
X 50-153

A partir de ce constat, la méthodologie «analyse de la valeur» apporte une première amélioration dans la recherche de ce processus. C'est une méthodologie de gestion de projet (ou tout simplement un mode de management). L'analyse de la valeur corrige très bien les effets 1 et 2. Elle a pour objectif l'identification des besoins et la recherche de solutions, et ce, quelles que soient la nature et la complexité du sujet. Un des principes essentiels de l'analyse de la valeur est le fonctionnement en groupe de travail pluridisciplinaire animé par un expert en analyse de la valeur. Cette méthodologie fait l'objet de normes, notamment des normes européennes et françaises. L'analyse de la valeur est mondialement reconnue. Par exemple, elle est systématiquement utilisée dans les secteurs industriels tels l'automobile ou l'aéronautique. En France, les lycéens qui suivent l'option ISI (initiation aux sciences de l'ingénieur) sont sensibilisés aux principes de l'analyse de la valeur dès la classe de seconde.

Mais, l'analyse de la valeur ne résout pas le problème de la décision (l'effet 3). Les choix de solutions ne sont en général pas faits par le groupe de travail mais par une personne (en général le chef) ou un comité (en général la direction) non directement concernés par ces décisions. De plus, ces décisions sont prises sans méthodologie particulière (mythe du «leader décideur qui a de l'intuition»). CHRISTIAN MOREL parle «d'instance généraliste» pour parler du manager, il cite à ce sujet : «… *il peut arriver que l'instance généraliste décide sur un point précis sans être véritablement compétente sur cet élément. C'est là un processus très dangereux.*».

L'accident de la navette spatiale Challenger avait pour cause l'explosion d'un booster (il s'agit des deux fusées d'appoint situées de part et d'autre de la navette) suite à la défaillance d'un joint d'étanchéité. Ce risque était connu bien avant l'accident : ces joints perdaient leur souplesse donc leur étanchéité à basse température. Le jour du lancement, la température était voisine de zéro degrés, le joint a laissé «passer» la flamme lors de la combustion de la poudre du booster incriminé. Cette flamme, ou plutôt un dard «type chalumeau» a rapidement perforé les réservoirs de carburant liquide… Les opportunités de reporter le lancement, à cause de ces joints, étaient multiples. Mais, la pression du lancement tant attendu et surtout l'absence d'un processus de décision pertinent ont conduit à cette catastrophe.

Déléguer la décision à une autre instance et ne pas avoir de processus de décision pertinent est dangereusement aléatoire et porteur de conflits futurs.

Sans pour autant prétendre qu'une méthode pourrait supprimer de tels accidents, sujets éminemment complexes qui nécessitent le recours à de multiples méthodes (AMDEC…), ces constatations m'ont conduit à formuler un nouveau besoin :

Comment faire des choix pertinents dans des situations complexes?

L'analyse des processus de décision dans la réalité quotidienne de la vie de l'entreprise m'a fait constater qu'aucun d'entre eux n'était réellement satisfaisant.

Après quelques explorations pour répondre à ce besoin, j'ai développé une méthode :

La méthode de recherche systématique du consensus par les cycles d'analyse.

Cette méthode de management par le consensus corrige totalement «l'effet 3» décrit précédemment (en ayant auparavant corrigé les effets 1et 2 à l'aide de l'analyse de la valeur).

Souvent, les «anti-consensus» considèrent que le consensus conduit à des solutions molles et sans personnalité.

Au contraire! Par exemple dans le cas où les critères de choix soulignent l'importance de développer un produit à caractère fort, le consensus se fait naturellement en faveur d'un tel produit. Le consensus est alors un choix collectif fort et non pas un compromis.

Les principes de la méthode étant posés, je pouvais la tester, la valider, l'améliorer, l'affiner sur de multiples sujets extrêmement variés et de toutes complexités. Cette expérimentation, lors des missions qui m'ont été confiées, m'a pris plusieurs années et a débouché sur la forme actuelle de la méthode qui fait l'objet de ce livre.

Ce guide est très concret et s'appuie sur de nombreux exemples réels commentés. Les idées importantes sont en général illustrées par des dessins ou des tableaux. Il est volontairement direct et synthétique pour aller à l'essentiel.

La recherche du consensus par les cycles d'analyse est utile à tous les types de managers...

Le management par le consensus vous concerne si vous êtes manager de proximité, manager d'équipe, responsable de service, dirigeant d'entreprise, syndicaliste, responsable d'association ou de collectivité...

… pour gérer un projet dans sa globalité…

Le management par le consensus vous sera utile si vous êtes dans la situation suivante :

- vous devez imaginer les besoins actuels et futurs des utilisateurs de vos produits ou services ;
- vous devez imaginer des solutions nouvelles, meilleures et plus économiques ;
- vous devez choisir les solutions les plus pertinentes (il s'agit de décisions stratégiques en général complexes et difficiles à prendre).

… grâce à un processus en trois étapes…

Cette méthode s'appuie sur les trois étapes suivantes (ces trois étapes corrigent parfaitement les effets 1-2-3 décrits précédemment) :

- étape 1 : identifier et analyser les **besoins** actuels et futurs de votre produit, de votre service, de votre organisation… ;
- étape 2 : rechercher et imaginer le maximum de **solutions** qui répondent aux besoins identifiés ;
- étape 3 : **choisir** les solutions les plus pertinentes.

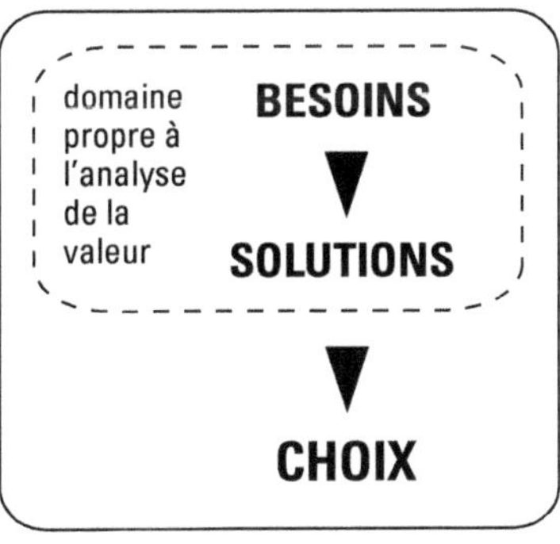

L'ensemble fait l'objet de la démarche proposée

Le processus d'aide à la décision par la recherche du consensus (étape 3), voilà ce qui rend la méthode originale !

... pour dépasser le niveau du compromis et aboutir à un véritable choix collectif ...

Quel que soit votre sujet, le consensus final est garanti. Mieux, ce consensus résulte d'un choix collectif fort et non pas d'un compromis. La méthode exploite les connaissances réelles, les impressions et les sentiments des participants (membres de votre groupe de travail). Les individus sont respectés, la décision n'est jamais forcée : chaque participant a un droit de veto quant aux décisions.

Par conséquent, cette méthode vous décharge du stress de la décision, vous permet de faire les meilleurs choix très en amont d'un projet et supprime la plupart des causes de conflits.

... avec des outils simples à mettre en œuvre...

Le «management par le consensus» exploite des outils et des stratégies simples à mettre en œuvre. On peut donc assimiler cette méthode en très peu de temps.

... en gagnant du temps

La méthode se déroule pour l'essentiel en groupe. Le groupe est mobilisé de quelques heures pour un sujet simple à quelques dizaines d'heures pour un sujet complexe.

Par ailleurs, cette méthode n'est pas une démarche en plus mais se substitue à un processus non formel qui existe déjà.

Mener votre projet ainsi vous garantit la pertinence du résultat final : le service rendu est élevé pour un coût minimum.

Par conséquent :

- la pertinence de vos solutions vous permet d'économiser des allers-retours et des tâtonnements;
- la simplicité des solutions retenues vous permet de gagner du temps tout en réalisant des économies.

… pour gérer tous types de projets

Cette méthode s'applique à tous types de projets. En effet, elle a été développée et expérimentée en traitant de très nombreuses situations, très différentes les unes des autres.

DES PROJETS DE TYPE «ORGANISATION» :

- définir un profil de poste;
- restructurer un service interne à une entreprise ou à une administration;
- restructurer une entreprise;
- améliorer un service public;
- réaliser un référentiel de gestion d'agences (banques…);
- gérer un événement exceptionnel (portes ouvertes, déménagement d'une entreprise…)…

DES PROJETS DE TYPE «PRODUITS» ET «SERVICES» :

- concevoir un siège de bureau;
- définir une nouvelle ligne de production;
- définir un nouveau service bancaire;
- définir un aménagement urbain;
- concevoir un nouveau concept de salle de bain;

· concevoir une nouvelle gamme de machines à café;

· concevoir un laminoir;

· améliorer un système de rangement;

· résoudre un problème sur une chaîne de production;

· définir un stand (salon professionnel)...

DES PROJETS DIVERS :

· définir la stratégie de développement d'une entreprise (fusion, acquisitions...);

· réaliser un référentiel de gestion de projet;

· définir un système informatique de gestion de la circulation routière;

· définir un système, embarqué sur les véhicules, d'alerte des secours et des autres usagers en cas d'accident;

· définir le nom d'un produit...

DES PROJETS QUI NÉCESSITENT UN TRAITEMENT IMMÉDIAT :

· gérer une grève;

· gérer un accident industriel (gestion de crise, communication, sortie de crise...);

· gérer une catastrophe naturelle...

PREMIÈRE PARTIE

PEUT-ON VISER LE CONSENSUS DANS LES PRISES DE DÉCISION ?

Dans le chapitre 1, nous allons voir comment sont prises habituellement les décisions importantes. Vous découvrirez que la plupart des modes de décision sont insatisfaisants. Ce constat conduit à vous proposer une autre méthode : la décision fondée sur la recherche systématique du consensus.

Le chapitre 2 vous donne une vision synthétique de cette méthode qui vise non pas le compromis mais un consensus sous forme de choix collectif fort.

C'est dans la deuxième partie (chapitres 3 à 8) que sont détaillées toutes les étapes de la méthode de recherche du consensus par les cycles d'analyse.

CHAPITRE 1

DES DÉCISIONS SOUVENT INSATISFAISANTES

Lorsque votre décision
s'est avérée mauvaise,
vous entendez dans votre dos :
«je l'avais bien dit».

Dans ce chapitre, je vous présente différents modes de décision. Vous découvrirez que la plupart de ces modes sont insatisfaisants. Ce constat me conduit à vous proposer une autre méthode : la décision fondée sur la recherche systématique du consensus.

Lorsque les managers doivent prendre une décision importante ou stratégique, qui concerne plusieurs personnes, la pratique relève différents modes de management. Passons-les en revue et examinons si ces différents modes aboutissent à des décisions efficientes.

Le manager « décideur »

- Il sollicite ses collaborateurs pour avoir les données nécessaires à la décision.

- Il analyse les données.

- Il décide puis expose ses décisions à ses collaborateurs

La décision appartient au manager décideur, il détient la vérité. Le rôle des collaborateurs se limite à la recherche de données.

Avant les années 70, le pur décideur était le standard; actuellement les collaborateurs n'acceptent plus ce mode de management et réagissent.

Le manager «sondeur»

Le manager sondeur procède de la même manière que le manager décideur excepté qu'il sonde ses collaborateurs avant de prendre sa décision.

- Il sollicite ses collaborateurs pour avoir les données nécessaires à la décision.
- Il analyse les données.
- Il a quasiment décidé mais il sonde ses collaborateurs.

- Il décide puis expose ses décisions à ses collaborateurs.

La décision appartient au manager sondeur, il détient la vérité mais il est prudent. Les collaborateurs ont l'impression de participer à la décision.

Ce modèle est le grand standard actuel, notamment sa formulation «nous avons décidé...».

Ces deux premiers managers, le «décideur» et le «sondeur», sont les grands adeptes de «l'association idée/individu» décrite en introduction.

Le manager «méthodologie»

Ce manager pilote le groupe mais ne participe pas à la décision :

- Il regroupe les personnes concernées par la décision.
- Il fait suivre au groupe un processus d'analyse multicritères (critères en général pondérés) et de **décision fondée sur des notations** (l'orientation qui a le maximum de points est retenue).

La décision appartient à la méthodologie. Le choix est forcé, les opposants sont écrasés…

Cette méthodologie a un autre inconvénient, elle ne rend pas compte d'un biais dangereux : ainsi, une orientation qui répond moyennement à tous les critères peut avoir une note très proche de celle d'une orientation très typée. Car, dans un système de notation avec des notes multiples, la somme des notes ne permet pas de savoir si la solution est homogène ou au contraire très typée.

Variante : les solutions les moins bien notées sont éliminées. Le choix, entre les deux ou trois solutions restantes, est réalisé en suivant un des autres modèles de prise de décision.

Le manager «vote»

Ce manager pilote le groupe mais ne participe pas à la décision :

- Il regroupe les personnes concernées par la décision.
- Il fait suivre au groupe **un processus d'analyse et de décision reposant sur un vote.**

- Il approuve la décision quelle qu'elle soit.

La décision appartient aux votants majoritaires. Ce modèle est répandu : il est toujours facile et rapide de voter. Comme pour les modèles précédents, la décision est forcée et les opposants sont écrasés...

Le manager « consensus »

Ce manager pilote le groupe mais ne participe pas à la décision :

- Il regroupe les personnes concernées par la décision.

- Il fait suivre au groupe un **processus de recherche du consensus** (aucune orientation n'est prise tant que le consensus n'est pas obtenu).

- Il approuve la décision quelle qu'elle soit.

La décision appartient à l'ensemble des membres du groupe. Le manager est neutre, son rôle est de garantir le bon déroulement du processus.

Les hybrides

Des associations entre ces méthodes sont parfois opérées. Prenons à titre d'exemple l'hybride «manager décideur qui veut faire du consensus».

Ce manager déroule un pseudo processus de recherche du consensus en vue de faire passer son idée; personne n'est dupe! Ce modèle est plus répandu qu'il n'y paraît…

Quels sont les avantages et les inconvénients de ces différents types de management ?

1, le manager «décideur»
2, le manager «sondeur»
3, le manager «méthodologie»
4, le manager «vote»
5, le manager «consensus»
6, le manager «hybride»

Les deux premiers managers, le «décideur» et le «sondeur», sont les grands adeptes de «l'association idée/individu» décrite en introduction.

Appréciations:

A1 = répond bien au critère
A2 = répond partiellement au critère
A3 = ne répond pas au critère

Types de managers → **Critères de choix ↓**	1	2	3	4	5	6
Est rapide à mettre en œuvre	A1	A1	**A2**	**A2**	**A2**	**A2**
Suscite l'adhésion et la motivation des participants	**A3**	**A2**	**A2**	**A2**	A1	**A3**
Evite les frustrations latentes et les décisions subies	**A3**	**A3**	**A3**	**A2**	A1	**A3**
Garantit une décision pertinente	**A3**	**A3**	**A3**	**A2**	A1	**A3**
Ne force pas la décision par un processus implacable	-	-	**A3**	**A2**	A1	**A3**
Suscite l'émergence d'autres voies	**A3**	**A3**	**A2**	**A2**	A1	**A3**
Décharge le manager du choix	**A3**	**A3**	A1	A1	A1	**A3**

Le manager «consensus» aide ses collaborateurs à construire une décision pertinente. La décision appartient à l'ensemble des membres du groupe. Le manager est neutre, son rôle est de garantir le bon déroulement du processus.
La décision peut être un non choix, elle peut être conditionnelle ou reportée après éclaircissements. Ce modèle suscite l'émergence de solutions hybrides ou d'autres voies.
Le modèle consensuel est donc une clé essentielle pour assurer le succès des projets.

Ce processus de recherche du consensus est décrit dans la suite de ce guide pratique.

CHAPITRE 2

La recherche d'un véritable consensus

Dans un même contexte, pouvez-vous affirmer que votre choix est plus pertinent que le choix d'une autre personne?

Ce chapitre présente la méthode de recherche du consensus dans ses grandes lignes. La mise en pratique est détaillée dans la deuxième partie du livre.

Préalable

Nous avons vu que la méthode s'appuie sur les trois étapes suivantes :

- étape 1 : identifier et analyser les **besoins** actuels et futurs de votre produit, de votre service, de votre organisation... ;
- étape 2 : rechercher et imaginer le maximum de **solutions** qui répondent aux besoins identifiés ;
- étape 3 : **choisir** les solutions les plus pertinentes.

Avant de rechercher le consensus (étape 3), assurez-vous que le besoin est bien compris et que vous connaissez le maximum de solutions possibles (étapes 1 et 2). Puis, vérifiez que la décision appartient au groupe. Lorsque la décision n'appartient pas au groupe, identifiez l'entité à qui appartient la décision ou recomposez le groupe.

Un objectif : construire le consensus

L'objectif est d'arriver à un consensus entre les membres du groupe de travail. Il s'agit d'un consensus résultat d'un choix collectif fort et non pas d'un compromis.

Condition d'intégration dans le groupe : les participants doivent être volontaires.

Une méthode qui se déroule en groupe

La méthode de recherche du consensus s'applique en groupe. Ce groupe est plutôt pluridisciplinaire et non permanent (l'équipe est dissoute à la fin du projet).

L'animateur est le garant du bon déroulement du processus, il doit être totalement neutre face aux solutions élaborées par le groupe.

Le nombre de participants varie de trois à quatorze personnes en fonction de l'enjeu et de la complexité du sujet.

Le groupe se réunit lors de sessions conduites par un animateur. La durée de ces sessions varie de trois à cinq heures.

Le nombre de sessions dépend de l'enjeu et de la complexité du sujet (une à deux sessions pour un sujet très simple ; dix à quinze sessions pour un sujet complexe).

Une méthode qui s'appuie sur les cycles successifs d'analyse/sondage/décision

La méthode proposée consiste à construire le consensus en réalisant plusieurs cycles «analyse/sondage/décision».

A chacun de ces cycles, les phases de sondage et de décision se déroulent de la même façon. Seules les étapes d'analyse diffèrent.

Dans certains cas, le consensus est obtenu dès le premier cycle, dans d'autres cas, le consensus nécessite jusqu'à quatre cycles. Couramment, le consensus s'obtient en deux ou trois cycles au bout d'une durée comprise entre 1/2 heures et 2 heures (suivant la complexité du sujet).

■ *1 – L'analyse*

A propos de n'importe quelle question, les avis divergent principalement parce que chacun a une perception propre du sujet.

Le préalable nécessaire, quand on vise le consensus, est donc que chaque participant ait une vision globale de la question à traiter. C'est ce que l'on cherche lors du premier cycle avec «l'analyse multicritère».

Au cours des cycles suivants, l'analyse est plus fine. Elle se concentre sur les points faibles puis sur les points forts des différentes solutions possibles. Ce que l'on favorise avec le deuxième cycle «analyse points faibles» et avec le troisième cycle «analyse points forts».

■ *2 – Le sondage*

Chaque analyse conduit à voir le sujet de manière plus fine. Les avis des participants évoluent c'est pourquoi il est nécessaire de les sonder à la suite de «l'analyse» de chaque cycle. Le sondage consiste à recueillir les orientations que les participants préfèrent ou rejettent.

La manière de sonder est très importante (voir le chapitre 4 «sonder le groupe»). Lors du sondage, le risque d'erreur est omniprésent.

Par exemple, le fabriquant des boosters devait donner son accord pour le lancement de la navette Challenger. Le directeur général a réuni ses collaborateurs et a voté **en premier** (en faveur du lancement). Sa position hiérarchique a certainement influencé le vote des autres participants qui ont tous approuvé le lancement alors qu'un des participants était contre le lancement.

3 – *La décision*

Chaque cycle se termine par une décision.

La décision est toujours construite et approuvée par l'ensemble du groupe, chaque participant a un droit de veto quant à la décision.

Ce droit de veto **est un des fondements de la méthode.**

CHRISTIAN MOREL cite : «*… pour s'opposer à une décision absurde, il faut pouvoir insister au risque d'irriter et parler d'un sujet dont on ne connaît pas tous les éléments*».

L'expression du droit de veto est fondamentale pour cette étape : l'animateur doit susciter l'expression du droit de veto par des questions bien formulées et doit s'adresser, même par un simple regard, à chaque participant.

Lors de la décision catastrophique de lancer la navette Challenger, les ingénieurs ne pouvaient pas fournir aux managers ces preuves. Ils ne pouvaient qu'exprimer une très forte inquiétude, l'erreur a donc persisté.

Le droit de veto doit pouvoir s'exprimer même sans preuves, un simple sentiment ou un souvenir ancien suffit. L'animateur doit être très attentif aux refus non exprimés verbalement (timidité, influence du chef…). La décision n'est considérée consensuelle que lorsqu'on est certain que personne ne s'oppose à la décision.

Des sociologues américains, connus sous le nom «d'école de Berkeley», ont étudié des organisations hautement fiables. Dans ces organisations, le débat critique est encouragé, les porteurs de mauvaises nouvelles sont bien accueillis. D'après cette école, les organisations hautement fiables sont sûres parce qu'elles baignent dans une culture du doute et du débat critique. Ce débat critique est en permanence organisé.

Les participants sont donc certains que la décision n'est jamais forcée. Cela leur donne confiance dans le processus.

… et qui s'achève par le consensus

L'ensemble du processus s'achève par la phase «aboutir au consensus». C'est lors de cette phase que le consensus se dégage.

Les différents cycles analyse/sondage/décision et la phase «aboutir au consensus» sont développés plus finement dans le chapitre 7 «choisir les solutions».

EXEMPLE DU DÉVELOPPEMENT D'UN GROUPE

Cet exemple a fait l'objet des trois étapes : BESOINS – SOLUTIONS - CHOIX; seule la dernière étape est abordée ici.

Il est important de rajouter qu'avant le déroulement de la méthode, les participants ne sont pas du tout d'accord quant aux choix à faire.

Cet exemple concerne le développement d'un groupe. La décision finale est représentative de la situation la plus couramment rencontrée : le consensus est obtenu en faveur d'une solution avec une solution de secours. Cette solution de secours interviendrait en cas de problèmes lors du développement de la solution retenue. Par ailleurs, la formulation de la conclusion a débouché sur une originalité : une solution «bluff» a été retenue en vue de dérouter les concurrents.

Quel est le contexte de l'entreprise?

Il s'agit d'un groupe (trois sociétés) spécialisé dans l'agroalimentaire. L'effectif de ce groupe représente environ soixante personnes.

Quelle est la demande de l'entreprise?

Ce groupe est confronté au problème suivant : sa taille est trop petite par rapport aux «grands» du secteur et trop grande par rapport aux «petits» du secteur. Dans ce contexte, les actionnaires me sollicitent pour définir la meilleure solution pour développer leur groupe.

Comment le groupe de travail a-t-il été constitué?

Le groupe comprend les quatre actionnaires.

Quelles sont les solutions envisagées?

Solutions identifiées par le groupe lors de la recherche de solutions réalisée en amont (étape 2) :

A - fusion acquisition de la branche x;

B - intégration d'un réseau de partenaires;

C - échange de savoir-faire;

D - faire entrer un «indépendant» dans le capital;

E - vendre la branche x à un gros partenaire;

F - s'unir avec un capital risqueur.

CYCLE 1/2 : « ANALYSE MULTICRITÈRES/SONDAGE/DÉCISION »

■ *1 – Analyse*

A1 = répond bien au critère (A = Appréciation)
A2 = répond partiellement au critère
A3 = ne répond pas au critère

Solutions → **Critères de choix ↓**	**A**	**B**	**C**	**D**	**E**	**F**
Consolidation bases actuelles	A1	A1	A1	A1	A1	A1
Indépendance à terme	**A2**	A1	A1	**A2**	**A2**	**A2**
Préservation savoir faire	A1	A1	A1	A1	A1	A1
Limitation risques expansion	A1	A1	A1	A1	A1	A1
Union amiable	A1	A1	A1	**A2**	A1	**A2**
Richesse du partenaire	A1	**A2**	A1	**A2**	A1	**A2**
Rapidité d'exécution	A1	**A2**	A1	A1	**A2**	**A2**
Limitation apport en capital	A1	**A2**	A1	A1	A1	A1
Taille partenaire	A1	**A3**	**A2**	**A2**	A1	**A2**

■ *2 – Sondage*

«Quelles sont vos trois solutions préférées? (classez les par ordre de préférence : 1er choix, 2e choix…). … et la solution que vous refusez?»

	A	B	C	D	E	F
1er choix	IIII					
2e choix			I	III	I	
3e choix			I		I	I
Refus			R		RR	R

■ *3 – Décision (consensus 100%)*

Consensus 100% : Personne ne s'oppose à l'élimination de B, C et F.

(Une personne s'oppose à l'élimination de E.)

CYCLE 2/2, « ANALYSE POINTS FAIBLES/SONDAGE/DÉCISION »

Solutions restantes
A - fusion acquisition;
D - faire rentrer un indépendant;
E - vendre branche x.

1 – *Analyse points faibles*

«Quels sont les points faibles de la solution… ?»

Points faibles A
• « déjà vu », solution connue • le partenaire risque de demander une grande part de capital (perte d'indépendance) • le partenaire risque de solliciter y
Points faibles D
• faible notoriété, « mariage de petits » • n'apporte pas de rentabilité à court terme • nécessite un projet secondaire • compliqué, scénario peu clair
Points faibles E
• « le diable rentre dans la maison » • le groupe est racheté • le partenaire risque de demander une grande part de capital (perte d'indépendance) • le partenaire risque de solliciter y

2 – *Sondage*

«Quelles sont vos deux solutions préférées? (classez les par ordre de préférence : 1er choix, 2e choix…). … et la solution que vous refusez?»

	A	D	E
1er choix	IIII		
2e choix		I	
Refus		RR	RRRR

■ *3 – Décision*

Consensus 100% : personne ne s'oppose à l'élimination de la solution E.

(Une personne s'oppose à l'élimination de la solution D).

Aboutir au consensus

Consensus 100% : A est retenue, D est une solution de secours, E est gardée en tant que solution «bluff».

La méthode en bref

Reprenons l'exemple précédent et rajoutons les réflexions et actions de l'animateur.

Cycle 1/2 : « Analyse multicritères/sondage/décision »

L'objectif de «l'analyse multicritères» est de donner aux participants une vue globale du sujet.

1 – *Analyse*

L'animateur réalise un brainstorming pour identifier les critères qui permettent de choisir les solutions. Il pose la question suivante au groupe :

Logique de la double lecture : le texte aligné à gauche est destiné à une lecture rapide, le texte aligné à droite (caractères gras) est un guide pour comprendre et appliquer la méthode.

«Quelles sont les critères qui permettent de choisir les solutions?»

... et reporte les critères de choix dans un tableau visible de tous.

Lorsque tous les critères sont identifiés, l'animateur demande au groupe d'évaluer chaque solution critère par critère. Il pose au groupe la question suivante :

«Comment la solution n répond-elle au critère?»

Le tableau est rempli en commun, l'animateur reporte les appréciations A1-A2-A3 du groupe dans le tableau visible de tous. En cas de divergence au sein du groupe, l'animateur retient l'avis majoritaire.

A1 = répond bien au critère (A = Appréciation)
A2 = répond partiellement au critère
A3 = ne répond pas au critère

Solutions → **Critères de choix ↓**	**A**	**B**	**C**	**D**	**E**	**F**
Consolidation bases actuelles	A1	A1	A1	A1	A1	A1
Indépendance à terme	**A2**	A1	A1	**A2**	**A2**	**A2**
Préservation savoir faire	A1	A1	A1	A1	A1	A1
Limitation risques expansion	A1	A1	A1	A1	A1	A1
Union amiable	A1	A1	A1	**A2**	A1	**A2**
Richesse du partenaire	A1	**A2**	A1	**A2**	A1	**A2**
Rapidité d'exécution	A1	**A2**	A1	A1	**A2**	**A2**
Limitation apport en capital	A1	**A2**	A1	A1	A1	A1
Taille partenaire	A1	**A3**	**A2**	**A2**	A1	**A2**

L'animateur rappelle aux participants que ce tableau ne sert pas à décider mais les aide à faire leurs choix lors du sondage.

■ 2 – *Sondage*

L'animateur rappelle aux participants que ce sont eux qui choisissent et non pas la méthode.

L'animateur demande au groupe de regarder le tableau précédent puis pose la question suivante :

«Quelles sont vos trois solutions préférées? (classez les par ordre de préférence : 1er choix, 2e choix...). ... et la solution que vous refusez?»

L'animateur laisse quelques minutes de réflexion aux participants pour leur permettre de répondre par écrit.

L'animateur ramasse les feuilles et reporte les choix et refus dans un nouveau tableau visible de tous :

	A	B	C	D	E	F
1er choix	IIII					
2e choix			I	III	I	
3e choix			I		I	I
Refus			R		RR	R

■ 3 – *Décision (consensus 100%)*

L'animateur propose au groupe d'éliminer les solutions les moins marquantes (B, C, E, et F) en posant la question suivante :

«Personne ne s'oppose à l'élimination de la solution B?

Puis :

«Personne ne s'oppose à l'élimination de la solution C? ... E? ... F?».

Condition d'élimination : personne ne doit s'opposer à l'élimination (chaque participant a un droit de veto).

Personne ne s'oppose à l'élimination des solutions B, C et F. Une personne au moins s'oppose à l'élimination de la solution E. L'animateur écrit :

Consensus 100% : Personne ne s'oppose à l'élimination de B, C et F.

(Une personne s'oppose à l'élimination de E.)

CYCLE 2/2, « ANALYSE POINTS FAIBLES/SONDAGE/DÉCISION »

L'objectif de «l'analyse points faibles» est de réaliser une analyse critique des risques et des points faibles des différentes solutions possibles.

Solutions restantes :

A - fusion acquisition;

D - faire rentrer un indépendant;

E - vendre branche x.

1 – Analyse points faibles

L'animateur pose la question suivante au groupe :

«Quels sont les points faibles de la solution… ?»

… et reporte les réponses des participants dans un tableau visible de tous :

Points faibles A
• « déjà vu », solution connue • le partenaire risque de demander une grande part de capital (perte d'indépendance) • le partenaire risque de solliciter y
Points faibles D
• faible notoriété, « mariage de petits » • n'apporte pas de rentabilité à court terme • nécessite un projet secondaire • compliqué, scénario peu clair

Points faibles E
• « le diable rentre dans la maison » • le groupe est racheté • le partenaire risque de demander une grande part de capital (perte d'indépendance) • le partenaire risque de solliciter y

L'animateur rappelle aux participants que ce tableau ne sert pas à décider mais les aide à faire leurs choix lors du sondage.

2 – *Sondage*

A ce stade, par rapport au cycle précédent, les participants perçoivent les solutions de manière plus précise. Par conséquent, il est nécessaire de les sonder et de les faire décider à nouveau. Ces deux phases prennent chacune quelques minutes au maximum.

L'animateur rappelle aux participants que ce sont eux qui choisissent et non pas la méthode.

L'animateur demande au groupe de regarder le tableau précédent puis pose la question suivante :

« Quelles sont vos deux solutions préférées? (classez les par ordre de préférence : 1er choix, 2e choix…). … et la solution que vous refusez? »

L'animateur laisse quelques minutes de réflexion aux participants pour leur permettre de répondre par écrit.

L'animateur ramasse les feuilles et reporte les choix et refus dans un nouveau tableau visible de tous :

	A	D	E
1er choix	IIII		
2e choix		I	
Refus		RR	RRRR

3 – *Décision*

L'animateur propose d'éliminer les solutions D et E. Une personne s'oppose à l'élimination de la solution D, l'animateur écrit :

Consensus 100% : personne ne s'oppose à l'élimination de la solution E.

(Une personne s'oppose à l'élimination de la solution D).

ABOUTIR AU CONSENSUS

A l'issue du dernier cycle analyse/sondage/décision, il reste plusieurs solutions dont l'une d'entre elles domine les autres.

Après un court débat avec le groupe, l'animateur propose la décision ci-dessous, il écrit :

A est retenue, D est une solution de secours, E est gardée en tant que solution «bluff».

L'animateur sonde le groupe en posant la question :

«Personne ne s'oppose à cette décision?».

Bilan : consensus 100% en faveur d'une solution avec une solution de secours à l'issue du deuxième cycle.

Ce type de conclusion est très courant.

Personne ne s'oppose à cette décision, l'animateur écrit :

Consensus 100% : A est retenue, D est une solution de secours, E est gardée en tant que solution «bluff».

DEUXIÈME PARTIE

La méthode des cycles d'analyse pour aboutir au consensus

La première partie vous a indiqué les limites et travers des modes de décision usuels pour souligner les avantages de décider par le consensus. La méthode que je vous propose repose sur la recherche du consensus grâce aux cycles d'analyse. Cette méthode vous garantit alors une décision pertinente et vous permet de dépasser les compromis pour aboutir à un véritable consensus au sein d'un groupe.

La deuxième partie commence par les conditions à réunir avant de débuter le processus global : les deux premiers chapitres traitent de la constitution du groupe et de son sondage.

Les chapitres suivants vous détaillent, avec l'appui de nombreux cas réel commentés, les trois étapes du processus global :

- **étape 1** : identifier et analyser les **besoins** actuels et futurs de votre produit, de votre service, de votre organisation... ;
- **étape 2** : rechercher et imaginer le maximum de **solutions** qui répondent aux besoins identifiés ;
- **étape 3** : **choisir** les solutions les plus pertinentes.

CHAPITRE 3

CONSTITUER UN GROUPE APPROPRIÉ

Au début, vos objectifs sont flous, vous êtes encore dans le brouillard...

La méthode de recherche du consensus par les cycles d'analyse s'appuie complètement sur le travail de groupe. Ce chapitre montre comment constituer le groupe et décrit la manière de le faire fonctionner.

S'appuyer sur les rôles complémentaires du chef de projet et de l'animateur

L'animateur et le chef de projet ont des rôles distincts mais complémentaires. L'animateur est plutôt externe au projet (expert et/ou prestataire de services), le chef de projet est en général le donneur d'ordre.

En début d'action, **le chef de projet** définit l'objectif global et les limites du sujet puis constitue le groupe de travail.

Lors des sessions, le chef de projet participe aux sessions en tant que membre du groupe sauf s'il est lui même animateur.

Lors des intersessions, le chef de projet complète et valide les propositions de l'animateur (structuration des résultats et définition du programme de la session à venir).

Au début de l'action, **l'animateur** apporte une stratégie globale et des méthodologies.

Pendant les sessions, il est le garant du bon déroulement du processus préétabli et il s'assure que les règles de fonctionnement du groupe sont respectées.

Lors des intersessions, l'animateur structure les résultats de la session, rédige le compte-rendu et définit le programme et les méthodologies pour la session à venir.

Lorsque l'enjeu est important ou lorsque le sujet est passionnel, il est préférable que l'animateur soit externe au projet (il s'agit dans ce cas d'un consultant ou d'un animateur de l'entreprise). Lorsque l'enjeu est moindre, l'animateur peut être le chef de projet (attention à la neutralité! Voir encadré ci-dessus).

Lorsque le chef de projet est simultanément animateur, il ne doit en aucun cas profiter de sa position pour vendre ses idées au groupe. Le processus serait totalement faussé (voir le chapitre 1 «Des décisions souvent insatisfaisantes»).

Par exemple, pour garder sa neutralité, l'animateur ne doit pas lui-même imaginer des solutions.

Quelques principes déontologiques du consultant/animateur :
- compétence
- confidentialité
- neutralité
- respect des personnes et de la structure
- rendre compte
- aboutir...

Constituer le groupe

Condition d'intégration dans le groupe : les participants doivent être volontaires.

La méthode de recherche du consensus ainsi que les deux phases amont indissociables (identifier les besoins et rechercher des solutions) s'appliquent en groupe. Ce groupe est pluridisciplinaire, il doit se composer de managers, d'experts et d'un ou plusieurs candides. Le groupe est en général non permanent (l'équipe est dissoute à la fin du projet). En principe, ce groupe est le même du début à la fin du projet. Toutefois, il est intéressant de renforcer le groupe en fonction de la phase concernée. Ainsi, lors de l'étape 1 «identification des besoins», il est tout à fait possible d'intégrer ponctuellement des personnes complémentaires plus spécialisées dans la connaissance des besoins (des compétences marketing et vente par exemple). Et, lors de l'étape 2 «recherche de solutions», il est alors intéressant de renforcer le groupe avec des spécialistes en conception.

Le choix des personnes et des compétences nécessaires se fait en fonction de la nature du projet.

PAR EXEMPLE

- la restructuration interne d'un service va plutôt regrouper des compétences internes à ce service;
- un nouveau produit va regrouper les compétences de différents services : marketing, recherche développement, production, achats, design...;
- la définition d'un nouveau système de gestion des routes va regrouper différentes entreprises et administrations;
- l'amélioration d'un service public va regrouper des usagers, des experts et des personnes qui assurent le service public concerné...

Le nombre de participants varie de trois à quatorze personnes en fonction de l'enjeu et de la complexité du sujet.

Réunir le groupe en «sessions» de courte durée

Le groupe se réunit lors de sessions conduites par l'animateur. La durée de ces sessions varie de trois à cinq heures.

Le nombre de sessions dépend de l'enjeu et de la complexité du sujet (une à deux sessions pour un sujet très simple; dix à quinze sessions pour un sujet complexe).

Nombre de sessions et méthodologies recommandées : voir le chapitre 8 «Adapter la formule suivant la complexité du sujet».

A raison d'une session (environ quatre heures) par semaine et compte tenu que les participants ne sont pas sollicités entre les sessions, leur charge de travail est modérée. Bien entendu, la fréquence des sessions peut être augmentée lorsque le projet est urgent.

Structurer les résultats lors des intersessions

Ces sessions sont complétées par des intersessions. Les intersessions mobilisent le chef de projet et l'animateur (le groupe n'est pas mobilisé) qui structurent les résultats de la session passée et élaborent le programme de la session à venir.

Le sujet appartient au groupe : aucune décision quant au sujet ne peut être prise lors de l'intersession.

Par ailleurs, l'intersession permet de suivre l'avancement général du projet.

Rédiger un compte-rendu

Le compte-rendu représente la mémoire du groupe, c'est une copie des résultats de la session (copie, sans interprétation, des feuilles de «paper board» réalisées en groupe). Il est préférable que ce soit l'animateur qui rédige le compte-rendu. Par ailleurs, le compte-rendu libère les participants des prises de notes lors de la session.

Ce compte-rendu est un document de travail pour la session suivante. Sauf contraintes de confidentialité, il est utile de le diffuser aux membres du groupe.

CHAPITRE 4

SONDER LE GROUPE

Le sondage est-il pertinent si les avis interagissent?

Les avis des participants évoluent. C'est pourquoi il est nécessaire de les sonder à la suite de «l'analyse» de chaque cycle. Lors du sondage, le risque d'erreur est omniprésent.
Ce chapitre vous montre comment procéder en toute sécurité à ces sondages.

Quel est l'objectif du sondage ?

Lors de la recherche du consensus, chaque cycle de cette méthode procédant par les cycles analyse/sondage/décision vous amène à sonder votre groupe.

Le sondage consiste à recueillir les orientations que les participants préfèrent ou rejettent.

Les débats ont eu lieu lors de l'analyse où tout le monde a pu s'exprimer. Lors du sondage, nous recherchons l'avis intime de chacun. Par conséquent, il est impératif d'éviter toute interaction qui risquerait de fausser le sondage.

Par exemple, l'animateur propose un tour de table et pose des questions de type «*quelles sont vos solutions préférées? … et les solutions que vous refusez?*».

En procédant par tour de table, j'ai constaté que de nombreuses interactions parasitent le sondage.

Relevons quelques manifestations les plus courantes : le collaborateur déférent, le timoré, l'égocentrique, le bavard, l'agressif, le contradicteur…

Quelles sont les réactions habituelles des participants ?

- le collaborateur déférent

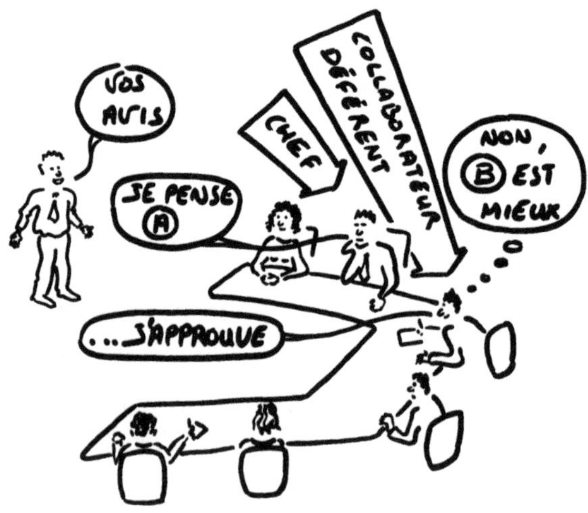

- le timoré

- l'égocentrique

- l'agressif

- le bavard

Quels sont les risques de débordements et d'interactions nuisibles lors des discussions ?

- la foire d'empoigne

- le règlement de compte

- tout le monde s'en va!

Comment limiter ces dérives?

Limitez le nombre de choix possibles :
- nombre de solutions préférées ≈ nombre de solutions possibles divisé par 2;
- nombre de refus ≈ 2 maxi.

Les débats ont eu lieu lors de l'analyse où tout le monde a pu s'exprimer. Lors du sondage, nous recherchons l'avis intime de chacun. Par conséquent, il est impératif d'éviter toute interaction qui risquerait de fausser le sondage. Le moyen est d'avoir recours à l'écrit :

Pour limiter les interactions, je vous recommande de sonder par écrits non nominatifs.
Ces sondages prennent peu de temps car les débats se déroulent avant le sondage lors de la phase «analyse».
Lors des cycles de recherche du consensus, les sondages consistent à identifier les solutions préférées et les solutions refusées.
La nature de ces réponses est très simple (des solutions classées par ordre de préférence) ce qui permet donc d'exploiter immédiatement les réponses.

CHAPITRE 5

IDENTIFIER ET ANALYSER LES BESOINS

Pensez-vous possible d'imaginer 1000 fonctions seul et sans méthodes?

L'identification et l'analyse des besoins est la première étape créative du processus que je vous propose. Elle est fondamentale car cette étape conditionne l'efficacité de l'étape 2 «rechercher et imaginer des solutions». Dans ce chapitre je vous présente comment mener l'analyse des besoins (ou analyse fonctionnelle) avec la garantie de ne rien avoir oublié.

Le besoin et l'analyse fonctionnelle

L'analyse des besoins est un balayage exhaustif de la raison d'être du service, du produit… Elle est le ferment des travaux conduits ensemble. Mon approche consiste ici à se baser sur la pratique de l'analyse de la valeur qui s'appuie sur les fonctions en tant que réponse aux besoins. Il nous faudra explorer cette notion de fonction, ce qui nous conduira à élaborer le cahier des charges fonctionnel. Nous disposerons alors d'une mise à plat des besoins avec une orientation fondamentale : il ne s'agit pas en premier lieu de balayer les solutions mais d'énoncer les fonctionnalités.

Problème de fond : solution ou fonction?

Lorsqu'un problème se présente, vaut-il mieux chercher directement une solution ou réfléchir d'abord par fonction?

Faut-il acheter (ou faire concevoir) une solution?

… ou acheter une fonction ?

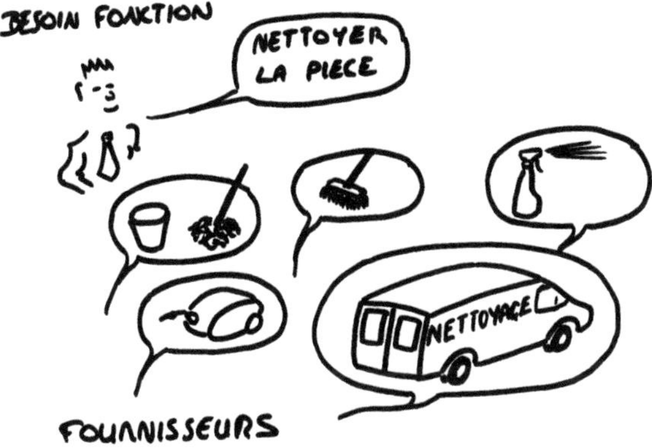

Produire un bien, un service, une organisation ou résoudre un problème consiste à répondre à un besoin qui, identifié et analysé apparaît comme multiple. La tentation concomitante apparaît aussitôt : avancer les solutions qui répondent à un besoin plutôt que d'énoncer le besoin lui même. Ce glissement provoque vite un renversement de la procédure d'analyse : on envisage les solutions du problème avant de se le poser.

Qu'est-ce qu'une fonction ?

La démarche de l'analyse de la valeur s'arrête sur le principe de commencer par l'énonciation de la fonctionnalité. Les normes de l'analyse de la valeur formulent le besoin sous forme de «fonctions». Parmi celles-ci, les «fonctions de service» sont identifiées comme étant celles qui répondent aux besoins (besoins = fonctions). Ce sont les fonctions de service qui donnent de la valeur à vos produits, vos services, vos organisations…

Cf. normes européennes et françaises :
NF EN 1325-1
FD X 50-101
NF X 50-150
NF X 50-151
NF X 50-152
X 50-153

Ces fonctions sont décrites et détaillées dans votre cahier des charges fonctionnel. Nuancer entre fonctions de service primaires et secondaires (ou complémentaires) apporte peu, toutes les fonctions sont importantes dans les limites de votre cahier des charges fonctionnel.

Qu'est-ce qu'une contrainte ?

Les contraintes client, par exemple «résister à la corrosion» ou «respecter les normes», donnent de la valeur au produit. Ces types de contraintes sont à traiter comme des fonctions de service.

Les fonctions ou contraintes internes, par exemple «être compatible avec la machine x», «limiter le recours à des contrôles» ou «respecter la procédure y» n'apportent pas de valeur aux yeux du client.

Les fonctions peuvent décrire :
- un produit
- un service
- un profil de poste
- une organisation
- un processus
- un événement
- ...

Ces fonctions génèrent de la valeur en interne ou sont des limitations à prendre en compte lors de la conception. Ces fonctions sont à séparer des fonctions orientées client.

Que veut dire valeur... ?

La notion de valeur exprime le jugement de l'utilisateur basé sur ses attentes et ses motivations ainsi que sur sa perception du prix de la fonction.

La valeur se décline en deux grandes typologies :

- la **valeur d'usage** représentée par la partie concrète du produit (par exemple, votre voiture vous transporte d'un point A à un point B ; votre montre vous donne l'heure...) ;
- la **valeur d'estime** représentée par la partie subjective et affective du produit (par exemple, votre voiture vous permet d'afficher votre statut ; votre montre vous met en valeur...).

Observons quelques exemples de fonctions :

EXEMPLE DE FONCTIONS D'UN PRODUIT : LE SIÈGE

- le siège SOUTIENT les lombaires

Une fonction s'énonce par un verbe d'action.

Un produit, un service ou une organisation comprend en général de 300 à 1000 fonctions et sous-fonctions élémentaires.

- le siège RANGE les objets (sac à main...)

- le siège SE NETTOIE facilement

EXEMPLES DE FONCTIONS D'UNE ORGANISATION

SERVICE COMMERCIAL D'UNE ENTREPRISE

Fonction «GERE les clients» :

- le service commercial RELANCE les clients
- le service commercial ENTRETIENT les relations commerciales
- le service commercial MET A JOUR le fichier client

...

Une organisation peut concerner une entreprise, une administration, une association, un syndicat... (partiellement ou en totalité).

AÉROCLUBS ET ÉCOLES DE PILOTAGE

Fonction «ACCUEILLE les visiteurs» :

- l'aéroclub ASSURE la sécurité des visiteurs
- l'aéroclub ASSURE la sécurité des avions
- l'aéroclub PRESENTE l'activité aux visiteurs

...

EXEMPLE DE FONCTIONS D'UN PROFIL DE POSTE

PROFIL DE POSTE COMMERCIAL

Fonction «TRAITE les commandes» :

- le commercial DEFINIT les prix
- le commercial VERIFIE la disponibilité
- le commercial DEFINIT les délais

...

Comme nous l'avons évoqué, la fonction exprime le besoin en faisant abstraction de la solution. Ceci est fondamental, car prioriser l'expression du besoin par sa fonctionnalité permet de ne pas s'enfermer dans une solution. Nous avons alors une grande liberté pour imaginer des solutions plus pertinentes.
Ma pratique, qui est associée à l'analyse de la valeur, m'a conforté dans ce choix, d'où l'intégration de l'approche fonctionnelle (ou analyse fonctionnelle) dans ma méthode.

Comment identifier et imaginer les fonctions ?

Un sujet donné comprend en général de 300 à 1000 fonctions et sous-fonctions élémentaires.

Pour identifier et imaginer ces multiples fonctions, je vous propose les méthodes suivantes :

- brainstorming;
- analyse de l'environnement;
- analyse des utilisateurs;
- analyse de la vie du produit, du service...
- analyse d'autres produits;
- analyse des risques;
- conception à l'écoute du marché;
- outils propres au marketing.

Les fonctions peuvent décrire :
- un produit
- un service
- un profil de poste
- une organisation
- un processus
- un événement

...

Quelles méthodes utiliser pour un sujet donné ?

Pour vous garantir que vous avez identifié la quasi totalité des fonctions imaginables, je vous recommande d'utiliser simultanément au moins trois des méthodes décrites ci-dessus.

En fonction de la complexité et de la nature de votre sujet, le dernier chapitre vous propose différentes combinaisons de méthodes.

Ces méthodes mobilisent votre groupe animé par vous-même ou par un animateur externe.

Identifier les fonctions par un brainstorming...

Vous pouvez identifier les fonctions directement à l'aide d'un brainstorming.

L'animateur pose la question suivante au groupe :

«qu'attend l'utilisateur de votre produit (ou de votre service ou de votre organisation)?».

... et écrit les réponses des participants sur un tableau papier (paper board).

La réponse est en général une fonction.

Après la session, l'animateur saisit dans un tableur l'intégralité des fonctions imaginées par le groupe. Il est important de ne rien omettre. La structuration, la suppression des redondances et les tris sont réalisés ultérieurement (voir «comment rendre les fonctions exploitables?»).

Rappel : Logique de la double lecture. Le texte aligné à gauche est destiné à une lecture rapide, le texte aligné à droite (caractères gras) est un guide pour comprendre et appliquer la méthode.

Quelles sont les règles du brainstorming?

Matériel nécessaire : tableau papier (paper board), feutres et scotch.

La plupart des méthodes décrites pages suivantes font appel à l'imagination du groupe. Dans ce contexte, il est utile de se rappeler les règles du brainstorming :

- le maximum d'idées, ne bridez pas les participants, n'écartez pas d'idées à ce stade (une idée surprenante peut susciter une idée pertinente);
- écrivez tout ce qui est dit sur un tableau papier, accrochez les feuilles pleines aux murs pour que les idées restent visibles de tous (vérifiez que le revêtement mural supporte du scotch);
- relancez le groupe en relisant les éléments déjà identifiés;
- respectez les phases et la durée du brainstorming : les silences (paliers ci-dessous) caractérisent l'épuisement progressif des idées; un brainstorming dure d'une demi-heure à plus de deux heures si le sujet est complexe :

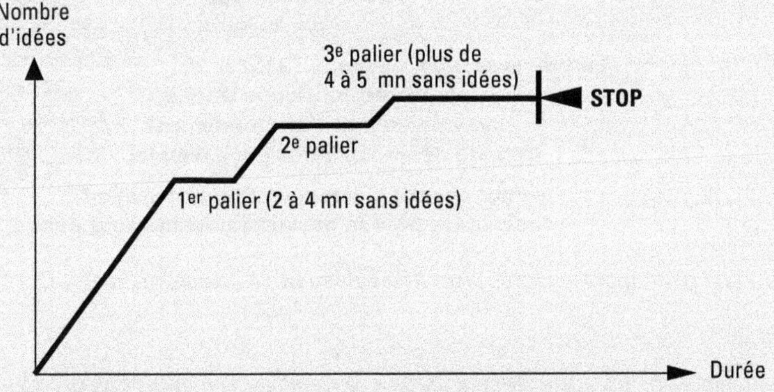

L'animateur pose une question au groupe :

Par exemple : *«qu'attend l'utilisateur de votre organisation ?»*.

L'animateur note la totalité des idées émises par les participants et respecte les règles du brainstorming.

... Par l'analyse de l'environnement

Vous pouvez identifier les fonctions en analysant l'environnement de votre produit, de votre service, de votre organisation... :

Variante : analyser les transactions <u>entre</u> les éléments de l'environnement. Ces transactions mettent en évidence les fonctions primaires. Toutefois, lorsque les éléments de l'environnement sont nombreux cette variante est fastidieuse voire impossible à appliquer. Par conséquent, cherchez plutôt à identifier les fonctions en combinant plusieurs méthodes plus simples (cf. pages suivantes et chapitre 8).

L'animateur rappelle au groupe que les éléments de l'environnement ne sont qu'une étape pour identifier les fonctions.

L'animateur réalise un brainstorming, il pose la question suivante au groupe :

1) «quels sont les éléments de l'environnement en ***relation directe*** *avec votre produit?»;*

Après la session, l'animateur saisit les éléments de l'environnement dans un tableur puis il les regroupe par thèmes.

Lors de la session suivante, l'animateur présente au groupe la liste des éléments de l'environnement (à l'aide de transparents par exemple).

Pour chaque élément de l'environnement, l'animateur pose la question suivante au groupe :

2) «que peut apporter votre produit à l'élément de l'environnement...?»;

ou

«quelles sont les caractéristiques de l'élément de l'environnement? Que peut apporter votre produit à cette caractéristique?».

... et écrit les réponses des participants sur un tableau papier.

La réponse est en général une fonction.

Après la session, l'animateur saisit l'intégralité des fonctions imaginées par le groupe. Il est important de ne rien omettre. La structuration, la suppression des redondances et les tris sont réalisés ultérieurement (voir «comment rendre les fonctions exploitables?»).

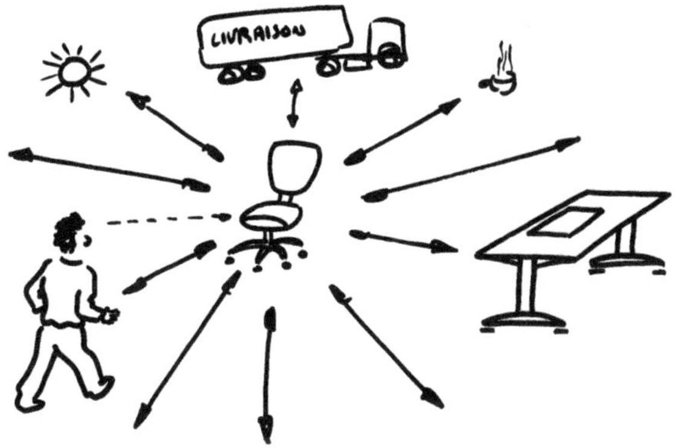

EXEMPLE D'ANALYSE DE L'ENVIRONNEMENT D'UN « FAUTEUIL DE BUREAU »

1) le bureau est un élément de l'environnement en relation directe avec le fauteuil

2) le bureau peut gêner les mouvements du fauteuil et peut être abîmé par les chocs du fauteuil ; fonctions possibles :

- le fauteuil N'INTERFERE pas avec le bureau (passage des accoudoirs sous le plan du bureau)
- le fauteuil N'ABIME pas le bureau
- le fauteuil SUPPORTE les chocs avec le bureau

AUTRE EXEMPLE

1) le soleil est un élément de l'environnement en relation directe avec le fauteuil

2) le soleil émet des UV et chauffe le fauteuil ; fonctions possibles :

- le fauteuil SUPPORTE les UV
- le fauteuil SUPPORTE la chaleur

EXEMPLE D'ANALYSE DE L'ENVIRONNEMENT D'UN «PROFIL DE POSTE COMMERCIAL»

1) le poste commercial est en relation directe avec le bureau d'étude

2) le bureau d'étude a besoin de l'information x du commercial; fonction possible : le commercial FOURNIT l'information x au bureau d'étude.

… Par l'analyse des utilisateurs

Vous pouvez identifier les fonctions en analysant les utilisateurs en relation directe avec votre produit, votre service, votre organisation… :

L'animateur rappelle au groupe que les tâches et actions de l'utilisateur ne sont qu'une étape pour identifier les fonctions.

L'animateur réalise un brainstorming, il pose la question suivante au groupe :

1) «quelles sont les tâches et actions réalisées avec votre produit?»; «quelles sont les caractéristiques de l'utilisateur de votre produit?»;

Après la session, l'animateur saisit les tâches et actions dans un tableur puis il les regroupe par thèmes.

Lors de la session suivante, l'animateur présente au groupe la liste des tâches et actions (à l'aide de transparents par exemple).

Pour chaque tâche et action, l'animateur pose la question suivante au groupe :

2) «que peut apporter votre produit à l'action…?».

… et écrit les réponses des participants sur un tableau papier.

La réponse est en général une fonction.

Après la session, l'animateur saisit l'intégralité des fonctions imaginées par le groupe. Il est important de ne rien omettre. La structuration, la suppression des redondances et les tris sont réalisés ultérieurement (voir «comment rendre les fonctions exploitables?»).

Rappel : Pour vous garantir que vous avez identifié la quasi totalité des fonctions imaginables, je vous recommande d'utiliser simultanément au moins trois méthodes différentes. En fonction de la complexité et de la nature de votre sujet, le dernier chapitre vous propose différentes combinaisons de méthodes.

EXEMPLE D'ANALYSE DE L'UTILISATEUR D'UN « FAUTEUIL DE BUREAU »

1) l'utilisateur se relaxe

2) fonction possible : le fauteuil PROPOSE une position utilisateur couché ou semi-couché

EXEMPLE D'ANALYSE DE L'UTILISATEUR D'UNE « AGENCE BANCAIRE »

1) le client n'aime pas attendre devant un guichet

2) fonctions possibles :

- l'agence LIMITE la durée d'attente
- l'agence PROPOSE des alternatives à l'attente

… Par l'analyse de la vie du produit

Vous pouvez identifier les fonctions en analysant la vie de votre produit, de votre service, de votre organisation… :

L'animateur rappelle au groupe que les phases de la vie du produit ne sont qu'une étape pour identifier les fonctions.

L'animateur réalise un brainstorming, il pose la question suivante au groupe :

1) « quelles sont les différentes phases de la vie de votre produit? »;

Après la session, l'animateur saisit les phases de la vie du produit dans un tableur puis les regroupe par thèmes.

Lors de la session suivante, l'animateur présente au groupe la liste des phases de la vie du produit (à l'aide de transparents par exemple).

Pour chaque phase, l'animateur pose la question suivante au groupe :

2) «que peut apporter votre produit à la phase...?».

... et écrit les réponses des participants sur un tableau papier.

La réponse est en général une fonction.

Après la session, l'animateur saisit l'intégralité des fonctions imaginées par le groupe. Il est important de ne rien omettre. La structuration, la suppression des redondances et les tris sont réalisés ultérieurement (voir «comment rendre les fonctions exploitables?»).

EXEMPLE D'ANALYSE DE LA VIE D'UN «FAUTEUIL DE BUREAU» :

1) le fauteuil est livré

2) fonction possible : le fauteuil SE LIVRE facilement (manutention aisée, passage des portes et escaliers...)

1) le fauteuil est jeté en fin de vie

2) fonction possible : le fauteuil SE RECYCLE en fin de vie

… Par des check-lists de fonctions proches

Vous pouvez identifier les fonctions en exploitant vos anciennes listes de fonctions, ces listes vous servent de check-lists de fonctions.

L'animateur présente des check-lists de fonctions proches (à l'aide de transparents par exemple).

Il demande au groupe de les lire rapidement puis pose la question :

«Voyez-vous des fonctions ré exploitables pour votre produit (ou votre service…)?».

… et écrit les réponses des participants sur un tableau papier.

Après la session, l'animateur saisit l'intégralité des fonctions imaginées par le groupe. Il est important de ne rien omettre. La structuration, la suppression des redondances et les tris sont réalisés ultérieurement (voir «comment rendre les fonctions exploitables?»).

Rappel : Pour vous garantir que vous avez identifié la quasi totalité des fonctions imaginables, je vous recommande d'utiliser simultanément au moins trois méthodes différentes. En fonction de la complexité et de la nature de votre sujet, le dernier chapitre vous propose différentes combinaisons de méthodes.

EXEMPLE DE FONCTIONS COURANTES POUR UN PRODUIT :

- PROPOSE une notice
- LIMITE la maintenance
- SUPPORTE les agressions…
- N'AGRESSE PAS…
- SE TRANSPORTE facilement…

EXEMPLE DE FONCTIONS COURANTES POUR UNE ORGANISATION :

- RECHERCHE les appels d'offre
- REALISE des devis
- GERE le personnel...

... Par analyse d'autres produits

Vous pouvez identifier les fonctions en analysant d'autres produits, organisations, services... Il peut s'agir de produits concurrents ou de vos propres produits antérieurs :

L'animateur présente ou fait référence à un autre produit et pose la question suivante au groupe :

1) «qu'est-ce qui vous plait sur ce type de produit?»;

Puis :

2) «que faut-il éviter sur ce type de produit?».

... et écrit les réponses des participants sur un tableau papier.

La réponse est en général une fonction.

Après la session, l'animateur saisit l'intégralité des fonctions imaginées par le groupe. Il est important de ne rien omettre. La structuration, la suppression des redondances et les tris sont réalisés ultérieurement (voir «comment rendre les fonctions exploitables?»).

… Par l'analyse des risques

Vous pouvez identifier les fonctions en analysant les risques liés à votre produit, à votre service, à votre organisation… :

L'animateur rappelle au groupe que les risques ne sont qu'une étape pour identifier les fonctions.

L'animateur réalise un brainstorming, il pose la question suivante au groupe :

1) «quels sont les risques…?»;

Après la session, l'animateur saisit les risques dans un tableur puis il les regroupe par thèmes.

Lors de la session suivante, l'animateur présente au groupe la liste des risques (à l'aide de transparents par exemple).

Pour chaque risque, l'animateur pose la question suivante au groupe :

2) «comment réduire ce risque?».

… et écrit les réponses des participants sur un tableau papier.

La réponse est en général une fonction.

Après la session, l'animateur saisit l'intégralité des fonctions imaginées par le groupe. Il est important de ne rien omettre. La structuration, la suppression des redondances et les tris sont réalisés ultérieurement (voir «comment rendre les fonctions exploitables?»).

… Avec une conception à l'écoute du marché

Réalisez une conception à l'écoute du marché.

... Grâce aux outils marketing

Exploitez les outils propres au marketing.

Les méthodes décrites précédemment ont permis à votre groupe d'imaginer une grande quantité de fonctions mais qui sont encore pour la plupart mal formulées et inexploitables en l'état. Par conséquent, il faut rendre ces fonctions exploitables.

Comment rendre les fonctions exploitables ?

Commencez par regrouper les fonctions par thèmes.

Avant la session, l'animateur saisit l'ensemble des fonctions et les regroupe par thèmes à l'aide de son tableur. Il peut donner un nom provisoire à chaque thème.

Lors de la session, l'animateur constitue des sous-groupes et leur répartit les différents thèmes. Puis l'animateur donne aux sous-groupes les instructions suivantes :

Les fonctions sans intérêt s'éliminent naturellement lors de la description ultérieure des fonctions. Les fonctions non retenues dans le cadre de votre projet sont à garder en réserve pour vos projets futurs.

Prenez un thème donné :

- structurez le thème en fonctions, sous fonctions et critères d'appréciation des fonctions (voir définitions pages suivantes) ;
- supprimez les redondances ;
- mettez de côté les solutions (les solutions ne doivent pas apparaître dans votre cahier des charges fonctionnel).

Après la session, l'animateur saisit les modifications.

Lors de la session suivante, l'animateur présente au groupe (à l'aide de transparents par exemple) les fonctions structurées en vue de les valider.

Rappel : Nuancer entre fonctions de service primaires et secondaires apporte peu, toutes les fonctions sont importantes dans les limites du cahier des charges fonctionnel. Les contraintes client, par exemple «résister à la corrosion» ou «respecter les normes» sont à traiter comme des fonctions de service. Les fonctions ou contraintes internes, par exemple «être compatible avec la machine x» ou «respecter la procédure y» sont à séparer des fonctions orientées client.

A ce stade, vous disposez de la trame de votre cahier des charges fonctionnel, il vous reste à décrire et formaliser vos fonctions.

Comment formaliser les fonctions?

Cf. normes européennes et françaises pour le cahier des charges fonctionnel :
NF EN 1325-1
FD X 50-101
NF X 50-150
NF X 50-151
NF X 50-152
X 50-153

L'objectif est de décrire les multiples fonctions de votre produit, de votre service, de votre organisation...

Cette phase mobilise votre groupe pluridisciplinaire animé par vous-même ou par un animateur externe.

Le cahier des charges fonctionnel et les terminologies associées font l'objet de normes.

Le cahier des charges fonctionnel

Les fonctions sans intérêt s'éliminent naturellement lors de la détermination des critères. Lorsque le choix d'une fonction n'est pas évident, vous pouvez décider de la retenir ou non en suivant la méthode de recherche du consensus (chapitre 7).

Il s'agit d'associer à chaque fonction :

- des critères d'appréciation;
- un niveau à atteindre pour que votre fonction soit réalisée;
- une flexibilité qui exprime l'aspect incontournable ou non de votre fonction ou critère. L'expression de la flexibilité peut se faire comme suit :

F0 = fonction impérative

F1 = fonction importante

F2 = fonction secondaire

F3 = fonction très secondaire

Ou, dans le cas de produits modulaires :

S0 = fonction standard impérative

S1 = fonction standard importante

S2 = fonction standard secondaire

S3 = fonction standard très secondaire

(fonction standard = fonction ou critère qui fait partie de l'offre de base).

O0 = fonction optionnelle impérative

O1 = fonction optionnelle importante

O2 = fonction optionnelle secondaire

O3 = fonction optionnelle très secondaire

- un coût objectif;
- une appréciation de la solution référence (solution antérieure ou autre) si elle existe et/ou de la nouvelle solution :

A1 = répond bien au critère (A = Appréciation)

A2 = répond partiellement au critère

A3 = ne répond pas au critère

- si nécessaire le(s) responsable(s) de la fonction.

Un cahier des charges fonctionnel sert plusieurs fois : lors du développement de votre nouveau produit, vous pouvez réaliser un nouveau CdCF sur la base de votre ancien CdCF. Il suffit de réaliser des sélections de fonctions différentes et de redéfinir les critères.

Etudions des fonctions décrites sous cette forme :

EXEMPLE DE FONCTIONS D'UN FAUTEUIL DE BUREAU

LE FAUTEUIL SOUTIENT LES LOMBAIRES S0

- hauteur réglable : de x à y mm S0
- tension lombaire réglable : ... daN O2
- surface, forme, répartition pressions... S0
- compatible avec les mouvements... S0

Nota : dans le cadre de la fonction standard SOUTIENT..., le premier critère est standard, le deuxième critère est optionnel...

LE FAUTEUIL RANGE LES OBJETS O0

- accès quotidien S0
- ouvert S0
- intégré au siège, non mobile S0
- présence contenu détectable S0

Nota : dans le cadre de la fonction optionnelle RANGE..., les quatre critères ci-dessus sont standards.

LE FAUTEUIL SE NETTOIE FACILEMENT S1

- le siège ne garde pas les saletés S1
- le siège ne retient pas les odeurs S1
- etc

EXEMPLE DE FONCTIONS D'UN PROFIL DE POSTE COMMERCIAL

Flexibilités :
F0 = impératif
F1 = important
F2 = secondaire
F3 = très secondaire

FONCTION « TRAITE LES COMMANDES » :

- le commercial DEFINIT les prix
  - produits standards : voir catalogue, F0 A2

  F0 A2 : fonction impérative mais solution actuelle non totalement satisfaisante : manque certains produits dans le catalogue

  - produits spéciaux : voir bureau d'étude, F0 A1
- le commercial VERIFIE la disponibilité
  - exploiter la base de données du stock, F0 A1
- le commercial DEFINIT les délais

Appréciations :
A1 = répond au critère
A2 = répond partiellement au critère
A3 = ne répond pas au critère

EXEMPLE DE FONCTIONS D'UNE ORGANISATION

Aéroclubs (AC) et écoles de pilotage :

FONCTION « ACCUEILLE LES VISITEURS » :

- AC ASSURE la sécurité des visiteurs, F0 A3
  - Informer quant aux risques liés aux hélices
  - maximum 6 personnes par accompagnateur
  - ...

F0 A3 : fonction impérative actuellement non réalisée : cette fonction est laissée à l'initiative de l'accompagnateur ce qui est aléatoire. Solution : réaliser une fiche de recommandations destinée aux accompagnateurs.

· AC ASSURE la sécurité des avions, F0 A3

- interdire de manœuvrer les gouvernes
- interdire de fumer
- maximum 6 personnes par accompagnateur
- ...

· AC PRESENTE l'activité aux visiteurs

- ...

Le cahier des charges fonctionnel d'une organisation gagne à être présenté sous forme de tableau :

Présentation du cahier des charges fonctionnel d'une organisation

Le cahier des charges fonctionnel d'une organisation est idéalement représenté sous forme de tableau dont les zones gauche, centrale et droite sont spécialisées comme suit :

Fonctions, critères, flexibilités	Situation actuelle	Objectif
Fonction 1	Responsables et appréciations des solutions actuelles	Nouvelles solutions et nouveaux responsables
Fonction 2		
...		
Fonction n		

PAR EXEMPLE

CAHIER DES CHARGES FONCTIONNEL	SITUATION ACTUELLE	OBJECTIF

Responsables fonctions
Adjoints
Appréciations
A1 = répond bien à la fonction
A2 = répond partiellement à la fonction
A3 = ne répond pas à la fonction

Flexibilités
F0 = fonction impérative
F1 = fonction importante
F2 = fonction secondaire
F3 = fonction très secondaire

Numéros d'ordre
Indices et dates modifications
Thèmes
Fonctions

Nouvelles appréciations
Nouveaux adjoints
Nouveaux responsables
Nouvelles solutions, échéances

300	**APPEL D'OFFRE**	**fl.**	**R**	**adjoints**	**ap.**	**nota**	**nouv. sol., éch.**	**R**	**adjoints**	**ap.**
310	A 05/01/03 RECHERCHE des annonces	F0	V	Mi MP	A2	MP : compétence inadaptée	concerne V et Mi	Mi	V	
320	C 10/02/03 PASSE la commande	F0	V	MP	A1					
330	RÉCUPÈRE le dossier	F0	C	Mi	A1					
	...			...			...			

A ce stade, il vous manque encore les coûts objectifs.

Pourquoi et comment définir les coûts objectifs des fonctions ?

Il s'agit d'affecter un coût objectif (CO) à chacune de vos fonctions.

Ces coûts objectifs vous permettent de vérifier le réalisme de votre projet dès le stade du cahier des charges fonctionnel.

Cette étape mobilise votre groupe pluridisciplinaire animé par vous-même ou par un animateur externe.

Le CO d'une fonction se détermine différemment selon qu'il s'agit de l'offre de base, de son contenu ou des options.

Comment définir le CO de l'offre de base et des options ?

Le client perçoit le CO de l'offre de base (globalement) ainsi que le CO des options. Ces CO permettent de définir les prix de vente.

Vous pouvez définir ces CO par **analyse des prix du marché** de produits similaires.

L'animateur pose la question suivante au groupe :

1) «Quels sont les produits proches ou similaires?

**Pour chaque produit proche ou similaire,
l'animateur pose la question suivante au groupe :**

2) «Quel prix est prêt à dépenser le client pour acheter ce produit?»

**L'animateur propose au groupe de débattre
pour définir le CO de la fonction concernée.**

EXEMPLE « FAUTEUIL DE BUREAU » :

L'analyse des prix du marché permet de définir les CO :

- de l'offre de base d'un fauteuil de bureau;
- de la fonction optionnelle « le fauteuil SOUTIENT les bras (accoudoirs) ».

EXEMPLE « VOYAGE ORGANISÉ » :

L'analyse des prix du marché permet de définir les CO :

- de l'offre de base d'un voyage organisé;
- de la fonction optionnelle « l'agence de voyage PROPOSE une assurance annulation ».

Comment définir les coûts objectifs des contenus de l'offre de base?

Le client ne perçoit pas les CO des composants de l'offre de base. Par exemple : le client achète un siège globalement, il ne perçoit pas le prix des composants de l'offre de base (assise, dossier, embase…). De même, le client qui achète un voyage ne perçoit pas le prix du contenu de l'offre de base (transport, hôtellerie, restauration…). Ces CO n'apparaissent pas dans le catalogue commercial.

Par contre, lors de la conception, ces CO permettent de s'assurer du réalisme du CO global de l'offre de base.

Vous pouvez définir ces CO en ventilant le CO de l'offre de base sur les différents composants. La ventilation (%) se réalise en groupe et se base sur **l'analyse des coûts de revient** des solutions antérieures.

Si les avis divergent fortement quant aux % à accorder à tel ou tel composant, vous pouvez décider à l'aide de la méthode de recherche du consensus (chapitre 7).

Vos coûts objectifs vous permettent de vérifier le réalisme de votre projet dès le stade du cahier des charges fonctionnel.

Pour conclure...

Le formalisme fonctionnel vous permet d'exprimer clairement les besoins de vos clients ou de vos usagers et vous laisse une grande liberté pour trouver les solutions les plus pertinentes.
L'analyse fonctionnelle (étape 1) est le point d'entrée obligatoire et incontournable pour gérer vos projets quels qu'en soient la nature et la complexité.

CHAPITRE 6

RECHERCHER ET IMAGINER LES SOLUTIONS?

Votre choix final peut-il être pertinent si vous ne connaissez pas toutes les orientations possibles?

La recherche de solutions est la deuxième étape créative du processus. Si l'analyse des besoins a été bien menée, elle portera complètement ses fruits.

Ce chapitre vous montre comment libérer toute la créativité de votre groupe tout en préparant les conditions du consensus : être certain que toutes les solutions ont été imaginées.

Une méthodologie de recherche de solutions

L'étape 1 vous a permis d'analyser et de bien formaliser les besoins par l'analyse fonctionnelle. L'objectif est maintenant d'imaginer le maximum de solutions qui répondent aux fonctions. Ces méthodes mobilisent votre groupe pluridisciplinaire animé par vous-même ou par un animateur externe.

Pour trouver le maximum de solutions, il faut tout d'abord fonctionner en groupe. Mais cela ne suffit pas.

Il faut en plus réussir à faire fonctionner le groupe de manière cognitive : il s'agit de faire fonctionner les «cerveaux» en réseau. Dans ce cas, l'intelligence du groupe représente bien plus que la somme des intelligences individuelles.

Comment arriver à faire fonctionner le groupe de manière cognitive?

En utilisant les cycles cognitifs proposés pages suivantes.

En plus des cycles cognitifs, je vous propose une stratégie de réflexion qui repose sur l'enchaînement de différentes phases. Elles s'appuient sur des modes de réflexion différents. La première phase fait ressortir les idées latentes, la deuxième amène les participants à sortir de leur cadre habituel, la troisième vous assure que tout a été imaginé.

Ce chapitre est jalonné de nombreux exemples commentés.

J'ai eu l'occasion de mettre la recherche de solutions que je vous propose en compétition avec des groupes et méthodologies différentes :
- un groupe qui a analysé tout ce qui s'est fait par le passé ;
- un groupe qui a recherché et analysé les produits innovants du moment ;
- un groupe d'étudiants très motivés et porteurs d'idées neuves.

La recherche de solutions que je vous propose a démontré son efficacité : le champ des solutions imaginées par le groupe témoin englobait largement les solutions issues de ces trois groupes concurrents.

Les cycles cognitifs, comment procéder ?

La créativité est maximale lorsque le groupe fonctionne de manière cognitive. Pour atteindre cet objectif, alternez les «réflexions» et les «mises en commun» :

- **réflexion** :

faites réfléchir les participants individuellement pendant 8 à 15 minutes (ou en sous-groupes durant 20 à 30 minutes) :

L'animateur distribue des feuilles de papier (demi A4 pour gagner de la place lors de l'affichage ultérieur).

L'animateur rappelle aux participants qu'ils ne doivent pas mettre plus d'une idée par feuille et que les écritures et schémas doivent être de grande taille pour être lisibles par tous lors de l'affichage ultérieur.

Puis, l'animateur pose la question suivante au groupe :

«Imaginez des solutions pour...? Exprimez vos idées sur papier de la manière la plus claire possible à raison d'une unique idée par feuille».

- mise en commun :

L'animateur ramasse les idées feuille par feuille en demandant à chaque fois à l'auteur de commenter succinctement son idée. Simultanément, l'animateur accroche les feuilles aux murs (du scotch fait l'affaire).

Si une idée n'est pas claire, l'animateur invite l'auteur à reformuler son idée.

De même, l'animateur réécrit ou redessine les idées des participants dont les feuilles sont illisibles ou dont les feuilles contiennent plusieurs idées.

Un cycle cognitif comprend une réflexion et une mise en commun. L'aspect cognitif n'apparaît qu'à partir du deuxième cycle, lorsque les participants prennent connaissance des idées des autres membres du groupe.

Mais ce n'est pas tout, en plus de leur «productivité», les cycles cognitifs présentent un autre intérêt essentiel : les idées appartiennent au groupe et non pas au participant x ou y et encore moins à l'animateur.

Par conséquent, le risque d'association «idée-individu» (voir introduction et encadré ci-contre) est quasi inexistant. Cette condition est essentielle au bon déroulement ultérieur du processus de recherche du consensus.

Par ailleurs, les dérives comportementales évoquées dans le chapitre «sonder le groupe» n'apparaissent pas, car chaque participant est amené à travailler individuellement.

Sans cycles cognitifs, le risque est le suivant : x a une idée, il s'identifie à son idée et essaye de la «vendre» au groupe. Le risque est la confusion entre x et son idée. C'est à dire que le groupe va ultérieurement évaluer l'idée en fonction de la manière dont x est perçu (je n'aime pas x donc je n'aime pas son idée) plutôt qu'en fonction de la pertinence de l'idée. D'ailleurs, x va percevoir toute critique de son idée comme une critique personnelle. De plus, obnubilé par son idée, x ne va pas s'intéresser aux idées des autres participants.

Par conséquent, sans cycles cognitifs, les choix ultérieurs de solutions dépendent plus du caractère des individus que de la pertinence des solutions. Ceci est dangereusement aléatoire.

Quant au nombre de cycles cognitifs, réalisez deux à trois cycles (un cycle = une réflexion + une mise en commun) pour chacune des phases décrites pages suivantes.

Les cycles cognitifs

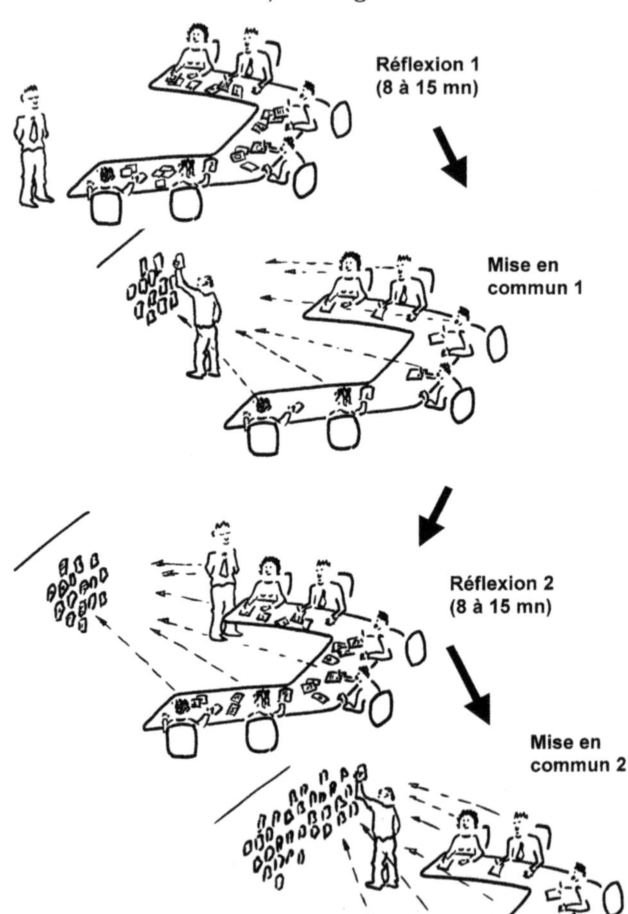

Les phases de la réflexion

La créativité cognitive ne suffit pas, encore faut-il explorer «tous azimuts». Vous pouvez utiliser les phases ci-après :

- si votre sujet est simple, réalisez uniquement la phase «imaginez»;
- si votre sujet est moyennement complexe, réalisez les phases «imaginez» et «rebondir»;
- si votre sujet est complexe, réalisez les phases «imaginez», «pensez autrement» et «rebondir». Laissez quelques jours entre chaque phase si le temps le permet.

Phase « Imaginez »

L'objectif de la phase «imaginer» est de faire ressortir les idées latentes et d'imaginer le maximum de solutions.

Rappel : un cycle cognitif comprend une réflexion plus une mise en commun

Réalisez 2 à 3 cycles cognitifs :

- réflexion :

L'animateur pose la question suivante au groupe :

«*Imaginez des solutions pour…*».

- mise en commun :

… l'animateur accroche les feuilles individuelles aux murs.

Comment poursuivre ?

- si votre sujet est simple, passez directement à la phase «faites apparaître les carrefours stratégiques» décrite plus loin.
- si votre sujet est moyennant complexe, réalisez la phase «rebondir».
- si votre sujet est complexe, réalisez les phases «pensez autrement» et «rebondir».

Phase « Pensez autrement »

L'objectif de la phase «penser autrement» est d'amener les participants à sortir de leur contexte habituel.

■ ***Action 1, identifiez les domaines proches :***

L'animateur réalise un brainstorming en posant la question suivante au groupe :

«Quels sont les domaines proches de votre sujet tout en étant différents…».

… et accroche les feuilles de tableau papier au mur pour les rendre visibles de tous.

Exemple : nouveau concept de cuisine intégrée : 1) domaines proches : cuisine de bateau de plaisance, cuisine de chantier, cuisine de camping… 2) «*imaginez une cuisine inspirée d'une cuisine de bateau…*»

■ ***Action 2, réalisez 2 à 3 cycles cognitifs :***

- réflexion :

L'animateur pose la question suivante au groupe :

«Imaginez des solutions en vous inspirant des domaines proches que vous venez d'identifier».

- mise en commun :

… l'animateur accroche les feuilles individuelles aux murs.

■ ***Comment poursuivre ?***

Réalisez la phase «rebondir».

VARIANTE DE LA PHASE « PENSEZ AUTREMENT »

Cette variante est à réserver aux sujets très complexes.

■ ***Action 1, identifiez les domaines proches :***

L'animateur réalise un brainstorming en posant la question suivante au groupe :

«Quels sont les domaines proches de votre sujet tout en étant différents…». puis :

Si le temps le permet, n'hésitez pas à illustrer les domaines proches par des photos ou des brochures.

L'animateur réalise en groupe les actions suivantes :

- regroupez les domaines proches par typologies;
- donnez un nom aux différentes typologies;
- identifiez les points marquants de chaque typologie.

■ ***Action 2, réalisez 1 à 2 cycles cognitifs pour chaque typologie :***

- réflexion :

L'animateur décrit la typologie «x»
puis pose la question suivante au groupe :

«Imaginez des solutions en vous inspirant de la typologie "x"».

- mise en commun :

... l'animateur accroche les feuilles individuelles aux murs.

■ ***Comment poursuivre?***

Réalisez la phase «rebondir».

PHASE « REBONDIR »

L'objectif de l'étape «rebondir» est de vous assurer que tout a été imaginé.

■ ***Action 1, réalisez une synthèse :***

Avant la session, réalisez une synthèse des solutions déjà identifiées ainsi que des solutions existantes sur le marché. Cette synthèse ne doit rien omettre et doit être suffisamment compacte (quelques A4) pour être facilement exploitée en session.

A ce stade, vous pouvez déjà regrouper les solutions par thèmes.

■ ***Action 2, distribuez la synthèse aux participants puis réalisez 2 à 3 cycles cognitifs :***

- réflexion :

L'animateur distribue la synthèse aux participants
puis il pose la question suivante au groupe :

«Imaginez des solutions en vous inspirant des solutions que vous avez déjà identifiées».

- mise en commun :

... l'animateur accroche les feuilles individuelles aux murs.

■ ***Comment poursuivre?***

Passez à la phase «faites apparaître les carrefours stratégiques».

A ce stade, vous disposez d'une grande quantité de solutions inexploitables en l'état. Par conséquent, il faut rendre ces solutions exploitables en construisant des carrefours stratégiques.

Faites apparaître les carrefours stratégiques

Regroupez les solutions par thèmes.

L'animateur décroche les feuilles individuelles une à une et, avec l'aide du groupe, les rassemble par thèmes (en recollant les feuilles au mur).

Chaque thème est illustré par une foule de solutions différentes. Pour un thème donné, regroupez les solutions qui se ressemblent par familles de solutions.

L'animateur re-décroche les feuilles et commence à constituer des familles de solutions (toujours avec l'aide du groupe).

Pour un thème donné, les différentes familles de solutions représentent un «carrefour stratégique».

A la fin de cette étape créative

L'animateur prend des photos des carrefours stratégiques affichés sur les murs et recueille toutes les feuilles sans les mélanger.

Après la session, l'animateur ressaisit ou redessine toutes les idées afin de pouvoir présenter chaque carrefour stratégique sur une feuille A4.

Chaque famille de solutions représente une orientation possible : il s'agit d'un carrefour stratégique. Pour un sujet donné, vous aurez en général plusieurs carrefours stratégiques.
Chaque carrefour stratégique doit faire l'objet d'un choix, il s'agit alors de passer à l'étape 3 du processus : «choisir les solutions les plus pertinentes».

Quelques exemples de carrefours stratégiques

Pour vous permettre de vous approprier facilement la méthode, je vous présente différents exemples vécus. Ces exemples soulignent l'adaptation de la méthode à tous types de sujets.

Chacun de ces exemples a fait l'objet des trois étapes : BESOINS – SOLUTIONS - CHOIX; seule la deuxième étape est abordée dans les exemples qui suivent.

J'ai retenu les exemples ci-dessous :

- systèmes de rangement : cet exemple représente un carrefour stratégique à un niveau très global.
- embase d'un profilé métallique : contrairement à l'exemple précédent, cet exemple traite les solutions au niveau des détails.
- stand : cet exemple vous propose des solutions exprimées non pas par des dessins mais par référence à des «styles».
- aménagement d'un aéroport : cet exemple est intéressant par la diversité des personnes concernées : passagers, police, douanes, compagnies, boutiques, bar...
- électroménager : ces exemples sont issus d'une recherche de solutions qui a débouché sur plus de 1000 solutions élémentaires. La structuration de ces

1000 solutions a fait émerger 25 carrefours stratégiques et une foule de thèmes annexes. Ces thèmes annexes on notamment permis de constituer une bibliothèque de «trucs & astuces» ou de recommandations pour réduire les coûts. Je vous présente ci-après le plus simple des 25 carrefours stratégiques : l'évacuation.

- nouveau concept de salle de bains : cet exemple exploite de manière poussée la phase «analyse des domaines proches». Par ailleurs, elle illustre l'enchaînement de deux recherches de solutions successives. La première démarche est très globale et débouche sur un choix en faveur d'une famille de solutions. La deuxième démarche consiste à développer et affiner la famille de solutions précédemment retenue.

EXEMPLE « SYSTÈME DE RANGEMENT »

QUEL EST LE CONTEXTE ?

L'entreprise est une multinationale de grande taille spécialisée dans la production de bureaux et de fauteuils de bureaux.

QUELLE EST LA DEMANDE DE L'ENTREPRISE ?

Cette entreprise veut définir un nouveau système de rangement dit de « troisième niveau » (étagère disposée au-dessus d'un bureau et accessible sans se lever).

La recherche de solutions commence en général par traiter le sujet de manière très globale comme représenté ci-dessous.

COMMENT EST CONSTITUÉ LE GROUPE DE TRAVAIL ?

Le groupe est constitué d'environ dix personnes (marketing, bureau d'étude, production, commerciaux, achats...).

QUELLES SONT LES SOLUTIONS IMAGINÉES PAR LE GROUPE ?

Nous réalisons plusieurs cycles cognitifs successifs : deux cycles « imaginez », deux cycles « pensez autrement », puis un cycle « rebondir » (une semaine d'intervalle entre chaque étape). Les solutions identifiées sont regroupées en quatre familles de solutions :

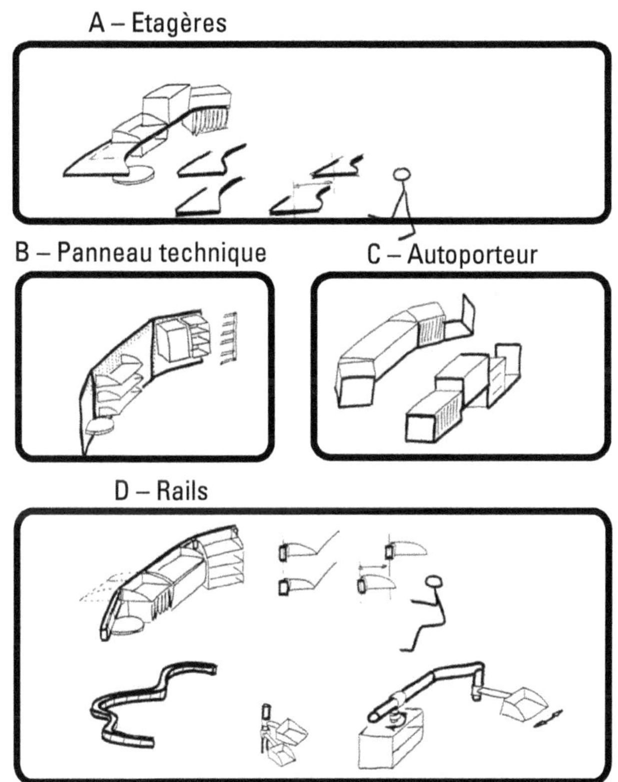

QUELLE SOLUTION A ÉTÉ FINALEMENT RETENUE ?

La mise en œuvre ultérieure de la méthode de recherche du consensus conduit le groupe à un consensus total en faveur de la famille « étagères ».

SOLUTIONS POUR UN SUJET PROCHE

Dans le cadre d'un projet proche pour la même société, le groupe imagine des solutions pour réaliser une liaison entre deux pièces (embase d'un profilé métallique). Nous réalisons deux cycles cognitifs « imaginez ».

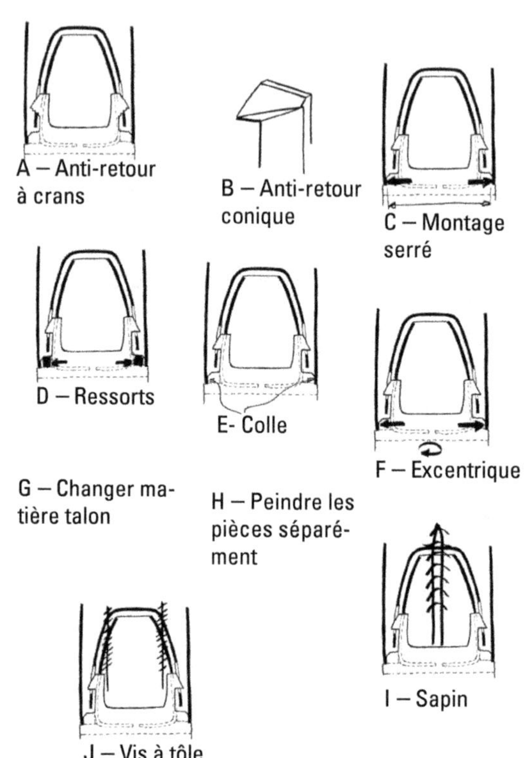

La recherche de solutions s'achève en général en traitant le sujet de manière beaucoup plus précise comme représenté ci-contre. Dans ce contexte, le groupe peut être sensiblement modifié lors de l'avancement du projet.

EXEMPLE « STAND »

QUEL EST LE CONTEXTE ?

La société concernée est spécialisée dans la production de machines à café de type « expresso ».

QUELLE EST LA DEMANDE DE L'ENTREPRISE ?

Elle souhaite définir un stand destiné à la présentation de machines à café lors de salons. Les caractéristiques souhaitées sont notamment la capacité à être facilement déplacé à grande distance (Europe, Asie, Amérique).

Comment est constitué le groupe de travail?

Six personnes (marketing, bureau d'étude, production, laboratoire, SAV, commerciaux...) sont regroupées lors d'une unique session d'une durée d'environ six heures. Dans ce laps de temps très court, le groupe réalise le cahier des charges fonctionnel, la recherche de solutions et obtient le consensus en faveur d'une solution.

Quelles sont les solutions imaginées par le groupe?

Nous réalisons deux cycles cognitifs «imaginez» plus un cycle «pensez autrement».

Le groupe imagine les solutions de base suivantes :

- stand «épuré» : ambiance musée d'art moderne, pas de table au premier plan, les machines à café sont le sujet central;
- stand «pratique» : les astuces du stand sont mises en avant;
- stand «animé» : le stand a un point central : une animation ciblée sur la production de café;
- stand «thématique» : le stand reprend un thème de type café ou bar;
- stand «conteneur» : le stand est construit dans un conteneur.

Ces solutions de base peuvent être combinées, par exemple la combinaison stand «épuré» et stand «pratique».

Quelle solution a finalement été retenue?

La mise en œuvre ultérieure de la méthode de recherche du consensus conduit le groupe à un consensus 100% en faveur d'un stand «pratique» avec une connotation «épurée».

Exemple «Aménagement de la zone départs internationaux d'un aéroport»

Quel est le contexte?

Il s'agit de l'aéroport d'une grande ville Européenne.

Quelle le demande de l'entreprise?

Cet aéroport souhaite définir une nouvelle zone «départ internationaux».

Comment est constitué le groupe de travail ?

Le groupe est constitué d'environ huit personnes : travaux, maintenance, planification, marketing, exploitation, commercial, sécurité, sûreté...

Quelles sont les solutions imaginées par le groupe pour la mise en place des filtres police et douane ?

Nous réalisons deux cycles « imaginez » puis deux cycles « rebondir » une semaine plus tard. Voici quelques-unes des quatorze solutions imaginées par le groupe :

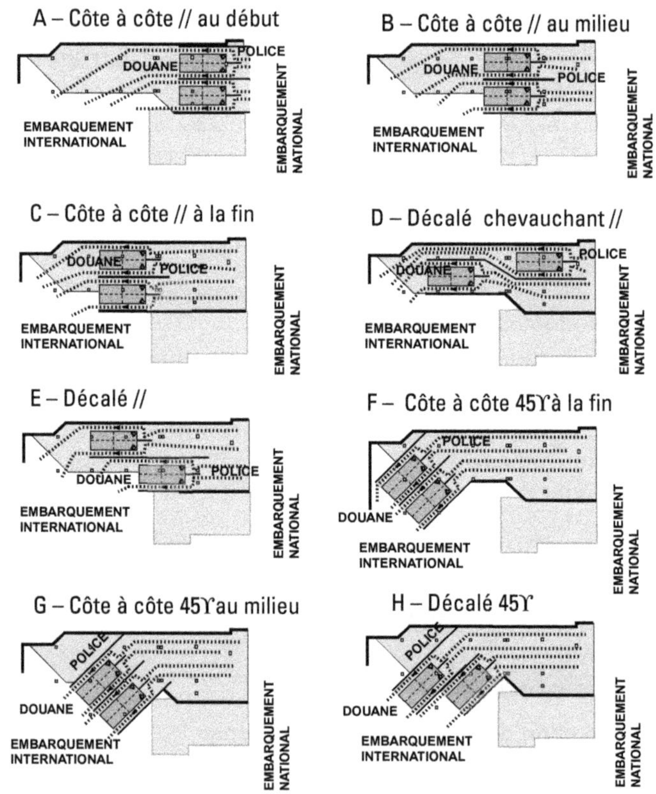

EXEMPLE « ÉLECTROMÉNAGER »

Quel est le contexte ?

La société est une filiale d'une multinationale dont l'effectif représente plusieurs dizaines de milliers de personnes. Cette filiale est spécialisée dans la production d'appareils électroménagers haut de gamme. L'effectif de cette filiale représente environ 350 personnes.

Quelle est la demande de l'entreprise ?

Cette filiale veut redéfinir l'ensemble de sa gamme de fours avec un objectif de réduction des coûts d'environ 20%.

Comment est constitué le groupe de travail ?

Il s'agit d'un groupe international d'environ douze personnes (marketing, bureau d'étude, production, laboratoire, SAV, commerciaux...).

Quelles sont les solutions imaginées par le groupe ?

Le groupe imagine plus de 1000 solutions élémentaires. La structuration de ces 1000 solutions fait émerger 25 carrefours stratégiques et une foule de thèmes annexes. Ces thèmes annexes permettent de constituer une bibliothèque de « trucs & astuces » ou de recommandations pour réduire les coûts.

Je vous présente ci-après le carrefour stratégique le plus simple :

Quelles sont les solutions envisagées pour l'évacuation ?

Nous réalisons deux cycles cognitifs « imaginez » appliqués de manière très rapide (durée totale 20').

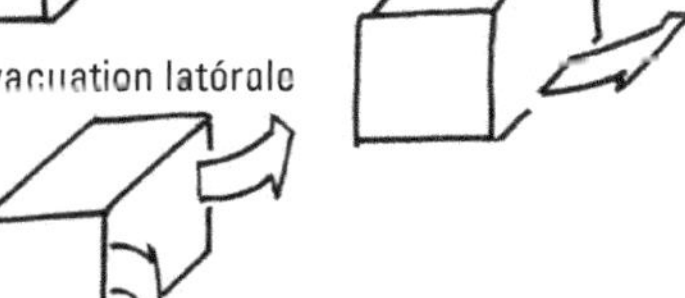

EXEMPLE « CONCEPT DE SALLE DE BAIN »

QUEL EST LE CONTEXTE ?

Il s'agit d'une société spécialisée dans la production de salles de bain. Son effectif représente environ mille personnes.

QUELLE EST LA DEMANDE DE L'ENTREPRISE ?

Ce groupe veut imaginer un nouveau concept de salle de bain.

COMMENT EST CONSTITUÉ LE GROUPE DE TRAVAIL ?

Il s'agit d'un groupe de travail international composé d'environ douze personnes.

QUELLES SONT LES SOLUTIONS IMAGINÉES PAR LE GROUPE ?

PREMIÈRE DÉMARCHE

Nous réalisons deux cycles cognitifs « imaginez », un cycle avec chaque typologie issue de « pensez autrement », puis un cycle avec « rebondir » (une semaine d'intervalle entre chaque cycle).

Dans le cadre de la phase « pensez autrement », le groupe imagine quatre typologies de domaines proches :

Méthodologie pour identifier les domaines proches : 1) brainstorming ; 2) classement des solutions par typologies ; 3) définition d'un nom et des points marquant de chaque typologie.

- minimaliste : camping car, bateau, bus... Points marquants : beaucoup de fonctions sur une petite surface, cellule monobloc intégrant des fonctions, peu cher et facile à nettoyer ;
- professionnel : sanitaires mobiles de chantier, douches de campagne (armée)... Points marquants : solutions mobiles, solides et peu esthétiques ;
- publique : camping, piscine... Points marquants : usage intensif, très résistant, utilisation simultanée par plusieurs personnes, facile à nettoyer, pas de rangements ;
- ludique : parc aquatique, sauna, hammam, bain japonais, rivières... Points marquants : la détente prime sur le lavage.

Les solutions imaginées à l'issue de cette recherche de solutions sont classables en cinq familles : famille classique, famille colonne, famille module fermé, famille bi/tri intégré, famille cloison équipée :

A – Classique

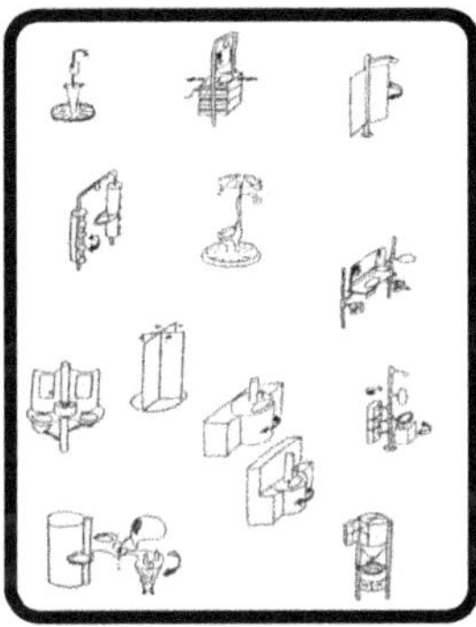

C – Module fermé

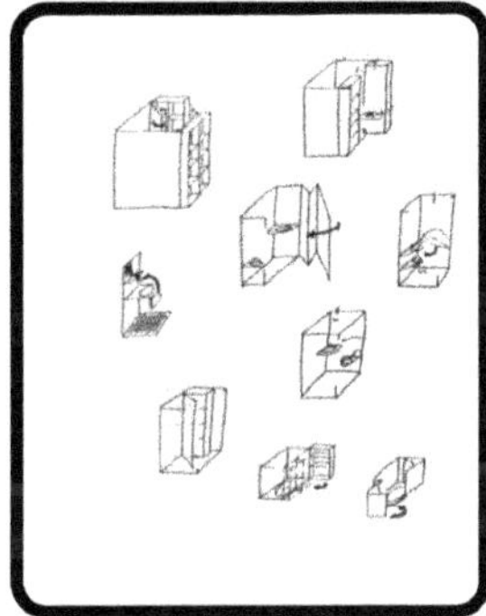

D – Bi/tri intégré

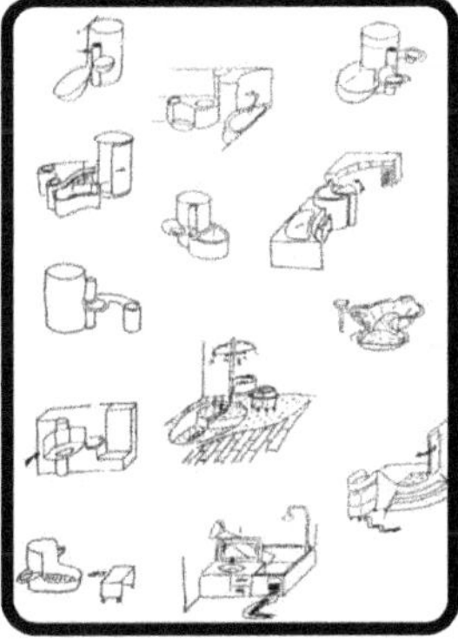

E – Cloison équipée

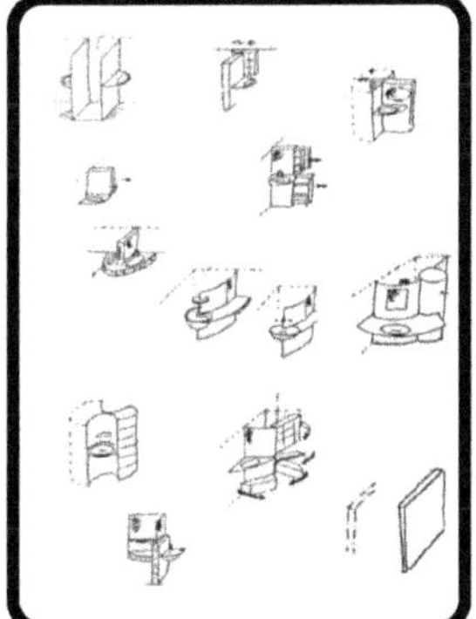

Pourquoi ne pas résumer chaque famille par un schéma unique ?

Ces schémas sont partiellement redondants mais expriment souvent des nuances. De plus, chaque participant retrouve son propre schéma.

DEUXIÈME DÉMARCHE

Le groupe arrive à un consensus 100% en faveur de la famille E dite «cloison équipée». Pour affiner cette famille, nous réalisons deux ou trois cycles cognitifs de manière beaucoup plus détaillée. Notamment, le groupe cherche à concrétiser la «cloison équipée» à l'aide de schémas d'implantation. Les solutions imaginées se classent en quatre sous familles dénommées vasque latérale, vasque centrale, douche fermée et douche en bout :

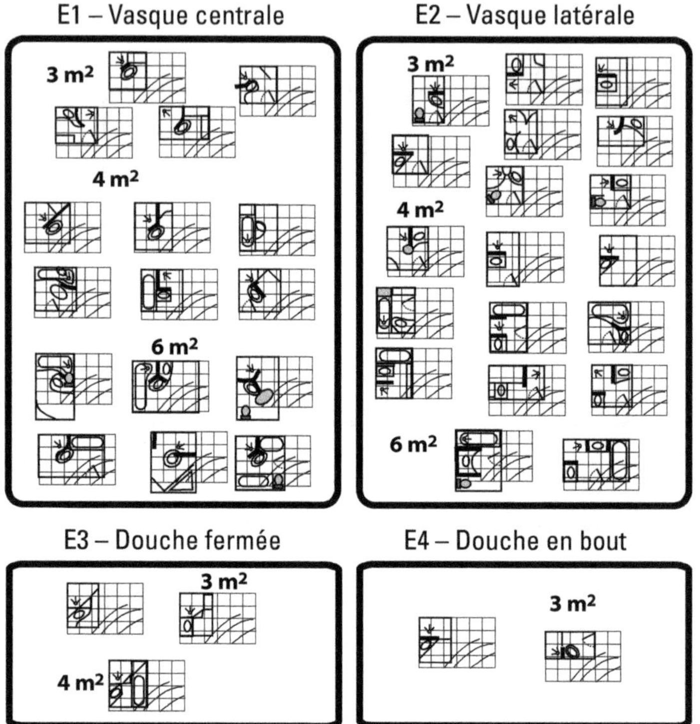

QUELLE SOLUTION A FINALEMENT ÉTÉ RETENUE ?

La mise en œuvre ultérieure de la méthode de recherche du consensus conduit le groupe à un consensus total en faveur de la famille E1 «vasque centrale».

Conclusion

Les cycles cognitifs et les phases de réflexion proposées vous garantissent une grande efficacité dans la recherche de solutions. Ils vous donnent la certitude d'avoir imaginé la quasi totalité des solutions possibles pour un sujet donné.
Mieux : les cycles cognitifs font que les idées appartiennent au groupe et non pas à un participant. Par conséquent, le risque d'association «idée-individu» est quasi inexistant.
A ce stade, vous disposez de multiples solutions présentées sous forme de «carrefours stratégiques».
Dans ces conditions, l'étape 3 «choisir les solutions les plus pertinentes» peut être abordée avec les meilleures chances de succès.

CHAPITRE 7

CHOISIR LES SOLUTIONS LES PLUS PERTINENTES

Dans un même contexte, pouvez-vous affirmer que votre choix est plus pertinent que le choix d'une autre personne?

Les deux étapes précédentes (1 et 2) vous ont permis d'analyser les besoins de manière fonctionnelle puis d'imaginer le maximum de solutions. Ce chapitre présente l'étape 3 qui consiste à choisir les solutions les plus pertinentes pour chacun des carrefours stratégiques issus de l'étape 2.

Le choix s'opère suivant le mode consensuel. Le débat concernant l'intérêt d'une décision consensuelle a été largement évoqué précédemment. Il est important de rappeler qu'il ne s'agit pas d'un consensus mou mais d'une ferme décision prise en commun.

Obtenir le consensus, mais comment ?

La méthode que j'ai développée à cet égard consiste à rechercher le consensus par les cycles «analyse/sondage/décision», d'où le nom de la méthode : **COCYANE** (**CO**nsensus par les **CY**cles d'**AN**alys**E**). Elle est le fruit de nombreuses années de pratique en tant que consultant.

Je vous propose ici de l'étudier de façon plus détaillée. Un logigramme vous en donne la vision synoptique.

Il est suivi de commentaires précis sur les différents cycles «analyse/sondage/décision» qui se déroulent successivement selon le logigramme.

L'ensemble du processus s'achève par la phase «aboutir au consensus». C'est lors de cette phase que le consensus se dégage.

Pour vous permettre de vous approprier facilement la méthode, je vous présente différents exemples vécus. Ces exemples soulignent la simplicité de la méthode ainsi que son adaptation à tous types de sujets.

Vision synoptique de la méthode COCYANE (Recherche du COnsensus par les CYcles d'ANalysE

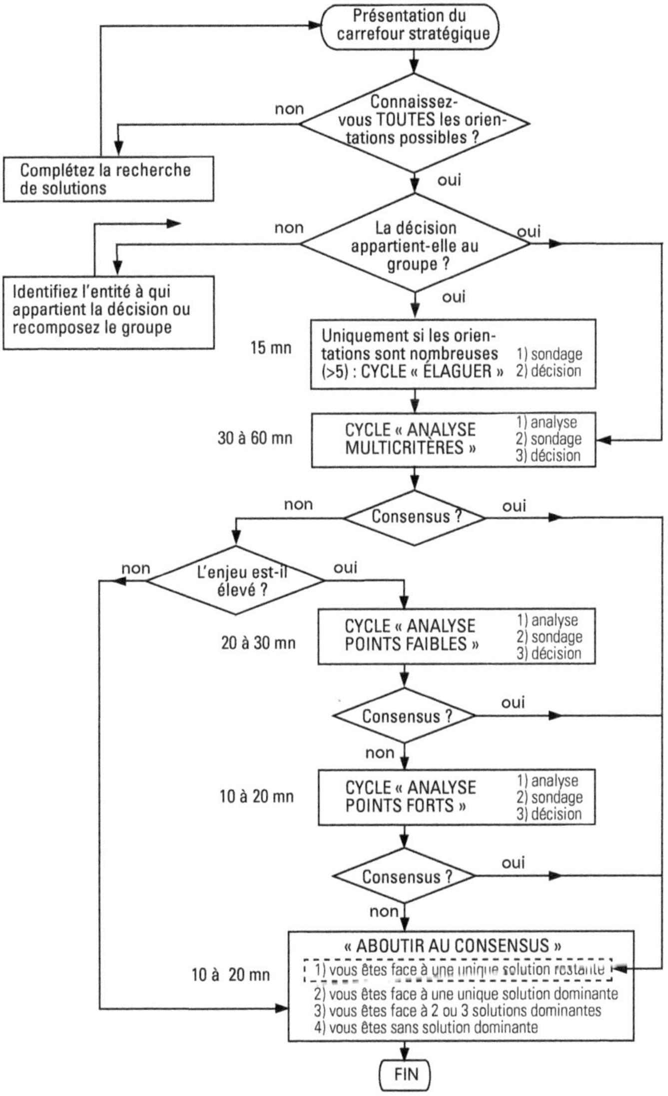

Présentation du carrefour stratégique

Connaissez-vous TOUTES les orientations possibles ?
non → Complétez la recherche de solutions
oui

La décision appartient-elle au groupe ?
non → Identifiez l'entité à qui appartient la décision ou recomposez le groupe
oui

15 mn — Uniquement si les orientations sont nombreuses (>5) : CYCLE « ÉLAGUER » 1) sondage 2) décision

30 à 60 mn — CYCLE « ANALYSE MULTICRITÈRES » 1) analyse 2) sondage 3) décision

Consensus ?
oui
non → L'enjeu est-il élevé ?
non
oui

20 à 30 mn — CYCLE « ANALYSE POINTS FAIBLES » 1) analyse 2) sondage 3) décision

Consensus ?
oui
non

10 à 20 mn — CYCLE « ANALYSE POINTS FORTS » 1) analyse 2) sondage 3) décision

Consensus ?
oui
non

10 à 20 mn — « ABOUTIR AU CONSENSUS »
1) vous êtes face à une unique solution restante
2) vous êtes face à une unique solution dominante
3) vous êtes face à 2 ou 3 solutions dominantes
4) vous êtes sans solution dominante

FIN

Chaque CYCLE fait l'objet d'une analyse, d'un sondage et d'une décision. Les phases sondage et décision sont toujours identiques, seule la phase analyse diffère.

« Consensus ? » sous entend qu'il ne reste qu'une solution. Le consensus est à confirmer suivant les recommandations de la phase « ABOUTIR AU CONSENSUS »

Préparation

Je pense que les participants ne peuvent pas se déterminer en faveur d'une solution si ils ont le sentiment qu'il existe peut-être d'autres solutions meilleures. Il me paraît donc essentiel que vous connaissiez **toutes** les solutions possibles (voir le chapitre précédent).

Par ailleurs, vous devez réunir les personnes concernées par la décision. Il s'agit bien entendu pour l'essentiel du groupe constitué pour les deux étapes précédentes (identifier les besoins et imaginer des solutions).

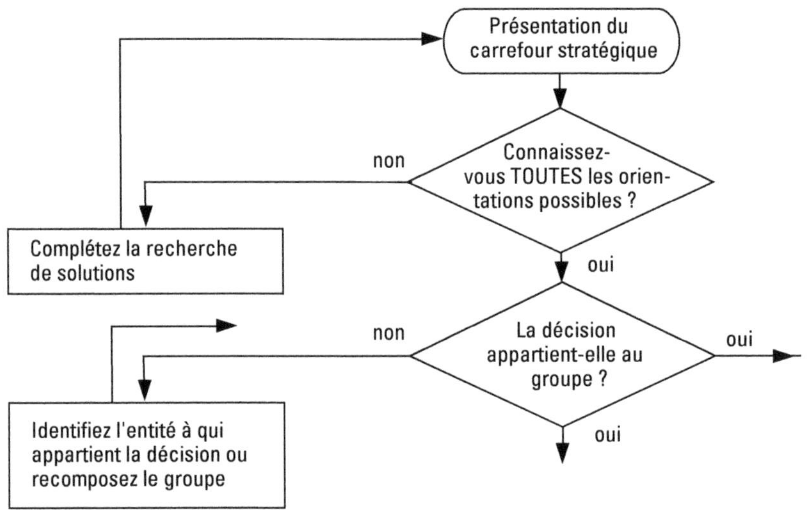

L'animateur présente le carrefour stratégique identifié lors de la recherche de solutions.

L'animateur pose les questions ci-dessus au groupe.

■ ***Comment poursuivre ?***

Passez à la phase suivante : «les cycles analyses/sondage/décision».

Les cycles analyse/sondage/décision, base de la méthode

Chacun des cycles se conduit en 3 phases :

- Phase 1 : analyse (hors cycles «élaguer»)
- Phase 2 : sondage
- Phase 3 : décision

Pour chacun des cycles analyse/sondage/décision, les phases de sondage et de décision se déroulent de la même façon, seules les phases d'analyse diffèrent. Ces différents types de cycles sont au nombre de quatre.

Quels sont ces cycles, comment les enchaîner?

Si vous avez plus de 5 solutions, réalisez successivement les quatre cycles suivants :

- Elaguer
- Analyse multicritères/sondage/décision
- Analyse points faibles/sondage/décision
- Analyse points forts/sondage/décision

Puis passez à la phase «aboutir au consensus».

Si vous avez 5 solutions ou moins, ne réalisez pas le cycle élaguer et réalisez successivement les trois cycles suivants :

- Analyse multicritères/sondage/décision
- Analyse points faibles/sondage/décision
- Analyse points forts/sondage/décision

Puis passez à la phase «aboutir au consensus».

Si vous votre temps est limité, réalisez uniquement le cycle analyse multicritères/sondage/décision puis passez à la phase «aboutir au consensus».

LE CYCLE ÉLAGUER

Si vous avez plus de 5 solutions, souvent, certaines d'entre elles sont fantaisistes et il est dommage de faire perdre du temps au groupe en analysant ces solutions. Dans ce contexte, proposez au groupe le cycle élaguer en vue d'éliminer les solutions fantaisistes le plus tôt possible.

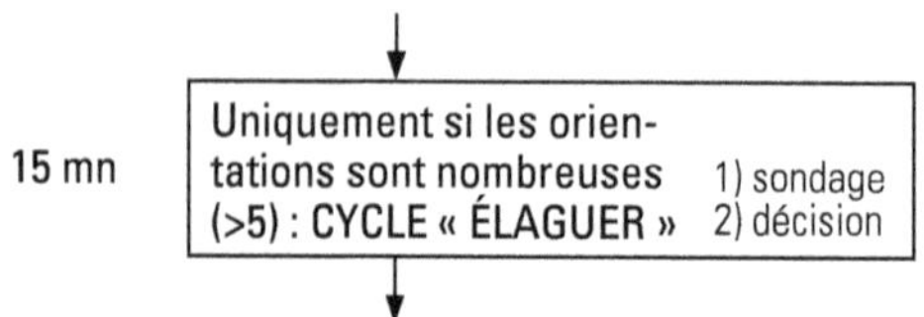

Phase 1 – Sondage

L'objectif étant de supprimer les solutions fantaisistes dès le début, réalisez directement un sondage sans analyse ni discussion préalables.

L'animateur pose la question suivante au groupe :

«Quelles sont les solutions que vous refusez? (maximum 2 solutions refusées)».

L'animateur laisse quelques minutes de réflexion aux participants pour leur permettre de répondre par écrit.

L'animateur ramasse les feuilles et reporte les refus dans un tableau visible de tous :

Rappel : Logique de la double lecture : le texte aligné à gauche est destiné à une lecture rapide, le texte aligné à droite (caractères gras) est un guide pour comprendre et appliquer la méthode.

Exemple

Solutions >	A	B	C	D	E
Refus		XXXX		XXX	

Phase 2 – Décision (une décision est prise après chaque sondage)

L'animateur rappelle aux participants que ce sont eux qui décident et non pas la méthode.

Dans l'exemple ci-dessous, B et D sont les solutions les moins marquantes.

L'animateur propose de les éliminer en posant au groupe la question suivante :

«Personne ne s'oppose à l'élimination de la solution B?»

Puis :

«Personne ne s'oppose à l'élimination de la solution D?».

Condition d'élimination : personne ne doit s'opposer à l'élimination (chaque participant a un droit de veto).

Si personne ne s'oppose à l'élimination de B et de D, l'animateur écrit :

Consensus 100% : personne ne s'oppose à l'élimination des solutions B et D.

Si au moins un participant s'oppose à l'élimination d'une solution, par exemple B, le droit de veto a fonctionné, l'animateur écrit :

Consensus 100% : personne ne s'oppose à l'élimination de la solution D.

(une personne au moins s'oppose à l'élimination de B).

Si au moins un participant s'oppose à l'élimination de B et de D, le droit de veto a fonctionné, l'animateur écrit :

Consensus 100% : aucune solution n'est éliminée.

(une personne au moins s'oppose à l'élimination de B et de D).

Au stade de la décision, je vous recommande (lorsque vous êtes animateur) de réaliser les propositions d'élimination de manière «ouverte» et non pas par écrit (contrairement à la phase 2 qui nécessite des décisions plus élaborées). Lorsque vous proposez d'éliminer telle ou telle solution, soyez très attentif aux refus non exprimés verbalement (timidité, influence du chef...). Suscitez l'expression du droit de veto par des questions bien formulées et en vous adressant, même par un simple regard, à chaque participant.

■ *Comment poursuivre ?*

Si il ne reste qu'une solution, reportez-vous à la phase «aboutir au consensus». Si il reste deux solutions ou plus, réalisez avec ces solutions restantes le cycle analyse/sondage/décision suivant : «analyse multicritères».

LE CYCLE ANALYSE MULTICRITÈRES/SONDAGE/DÉCISION

L'objectif de «l'analyse multicritères» est de donner aux participants une vue globale du sujet.

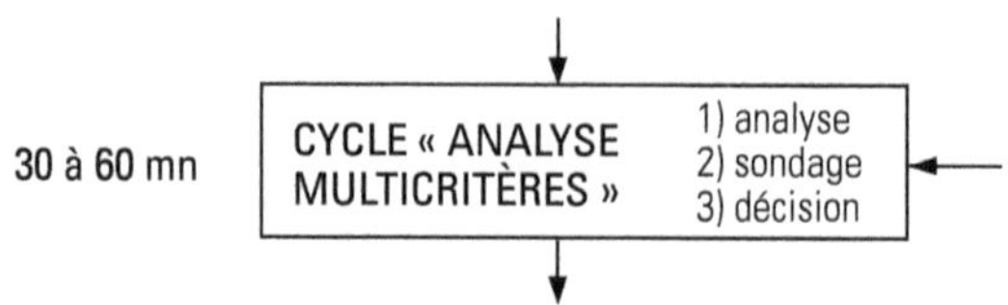

Si le tableau des critères n'est pas parfait, par exemple lorsque certains critères sont partiellement redondants ou lorsqu'un participant n'est pas convaincu par un critère, cela n'empêche pas les participants de se faire une opinion. L'essentiel est le droit de veto de chacun qui supprime le risque d'éliminer prématurément une solution.

■ *Phase 1 – Analyse multicritère*

L'animateur réalise un brainstorming pour identifier les critères qui permettent de choisir les solutions. Il pose la question suivante au groupe :

«Quelles sont les critères qui permettent de choisir les solutions?»

Exploitez le cahier des charges fonctionnel si vous en disposez. Le nombre de critères de choix est en général compris entre 10 et 20 critères. Il est important que les critères soient clairs pour l'ensemble des participants. Exemples de critères : coût, efficacité, facilité de mise en œuvre, esthétique…

… et reporte les critères de choix dans un tableau visible de tous :

«Le défaut d'un pixel ne change pas la vision globale de l'écran» : une évaluation erronée sur un critère ne va pas changer l'appréciation globale sur le sujet. Retenez l'avis majoritaire en cas de divergence sur une appréciation.

Solutions → Critères de choix ↓	A	B	C	D	E
critère x					
critère y					
critère…					

Lorsque tous les critères sont identifiés, l'animateur demande au groupe d'évaluer chaque solution critère par critère. Il pose au groupe la question suivante :

«Comment la solution "n" répond-elle au critère?»

Le tableau est rempli en commun : l'animateur reporte les appréciations A1-A2-A3 du groupe dans le tableau visible de tous. En cas de divergence au sein du groupe, l'animateur retient l'avis majoritaire.

A1 = répond bien au critère (A = Appréciation)
A2 = répond partiellement au critère
A3 = ne répond pas au critère

Exemple

Solutions → Critères de choix ↓	A	B	C	D	E
critère x	A1	**A2**	A1	**A3**	**A2**
critère y	**A2**	**A2**	A1	**A3**	A1
critère...	...				

L'animateur rappelle aux participants que ce tableau ne sert pas à décider mais les aide à faire leurs choix lors du sondage qui suit.

Faut-il appliquer des coefficients aux critères ou non ?

Lors du sondage, les participants choisissent en fonction de leurs sensibilités aux différents critères. Ne pas pondérer les critères permet de gagner du temps tout en laissant une grande liberté d'analyse aux participants.

Phase 2 – Sondage (un sondage est réalisé après chaque analyse)

L'animateur rappelle aux participants que ce sont eux qui choisissent et non pas la méthode.

L'animateur pose la question suivante (nombre de choix possibles : voir encadré ci-contre) :

«Quelles sont vos x solutions préférées? (classez les par ordre de préférence : 1er choix, 2e choix...). ... et les solutions que vous refusez?» (maximum 2 solutions refusées)».*

*Limitez le nombre de choix possibles :
- nombre de solutions préférées ≈ nombre d'orientations possibles divisé par 2 ;
- nombre de refus : 2 maxi.

L'animateur laisse quelques minutes de réflexion aux participants pour leur permettre de répondre par écrit.

L'animateur ramasse les feuilles et reporte les choix et refus dans un nouveau tableau visible de tous :

Exemple

Solutions >	A	B	C	D	E
1er choix	III		I		IIIIII
2e choix	I	I	IIII	II	II
3e choix				I	
Refus		XXXX		XXX	

■ *Phase 3 – Décision (une décision est prise après chaque sondage)*

Au stade de la décision, je vous recommande (lorsque vous êtes animateur) de réaliser les propositions d'élimination de manière «ouverte» et non pas par écrit (contrairement à la phase 2 qui nécessite des décisions plus élaborées). Lorsque vous proposez d'éliminer telle ou telle solution, soyez très attentif aux refus non exprimés verbalement (timidité, influence du chef...). Suscitez l'expression du droit de veto par des questions bien formulées et en vous adressant, même par un simple regard, à chaque participant.

La décision est prise à l'identique du cycle précédent. Rappel :

L'animateur rappelle aux participants que ce sont eux qui décident et non pas la méthode.

Dans le tableau de l'exemple ci-dessus, B et D sont les solutions les moins marquantes.

L'animateur propose de les éliminer en posant au groupe la question suivante :

«Personne ne s'oppose à l'élimination de la solution B?

Puis :

«Personne ne s'oppose à l'élimination de la solution D?».

Condition d'élimination : personne ne doit s'opposer à l'élimination (chaque participant a un droit de veto).

Si personne ne s'oppose à l'élimination de B et de D, l'animateur écrit :

Consensus 100% : personne ne s'oppose à l'élimination des solutions B et D.

Si au moins un participant s'oppose à l'élimination d'une solution, par exemple B, le droit de veto a fonctionné, l'animateur écrit :

Consensus 100% : personne ne s'oppose à l'élimination de la solution D.

(Une personne au moins s'oppose à l'élimination de B).

Si au moins un participant s'oppose à l'élimination de B et de D, le droit de veto a fonctionné, l'animateur écrit :

Consensus 100% : aucune solution n'est éliminée.

(une personne au moins s'oppose à l'élimination de B et de D).

■ *Comment poursuivre ?*

S'il ne reste qu'une solution, reportez-vous à la phase «aboutir au consensus». Si il reste deux solutions ou plus, réalisez avec ces solutions restantes le cycle analyse/sondage/décision suivant : «analyse points faibles».

LE CYCLE ANALYSE POINTS FAIBLES/SONDAGE/DÉCISION

L'objectif de «l'analyse points faibles» est de réaliser une analyse critique des risques et des points faibles des différentes solutions restantes

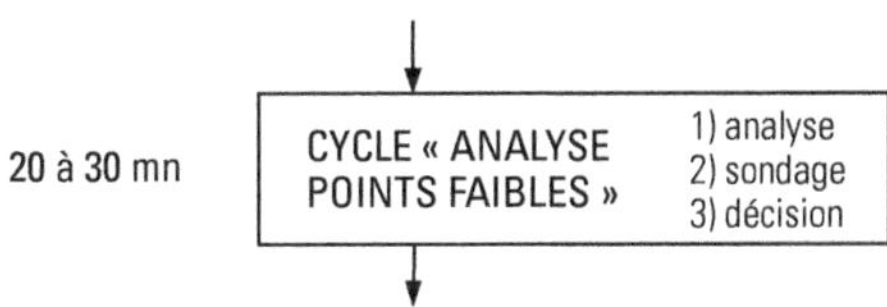

■ *Phase 1 – Analyse points faibles*

L'animateur pose la question suivante au groupe :

«Quels sont les risques ou points faibles de la solution "n"?»

... et reporte les réponses des participants dans un tableau visible de tous :

Risques et points faibles solution «n»
• ... • ...
Risques et points faibles solution ...
• ... • ...

Pour chaque risques ou points faibles, l'animateur pose la question suivante au groupe :

«Comment minimiser voire supprimer le risque ou le point faible?»

... et reporte les réponses des participants dans le tableau commun :

Risques et points faibles sol « n » / Comment minimiser le risque?	
• …	/ • …
• …	/ • …
Risques et points faibles sol… / Comment minimiser le risque?	
• …	/ • …
• …	/ • …

L'animateur rappelle aux participants que ce tableau ne sert pas à décider mais les aide à faire leurs choix lors du sondage qui suit.

A ce stade, par rapport au cycle précédent, les participants perçoivent les solutions de manière plus précise. Par conséquent, il est nécessaire de les sonder et de les faire décider à nouveau. Ces deux phases prennent chacune quelques minutes au maximum.

Phase 2 – Sondage

Ce sondage est réalisé à l'identique des cycles précédents. Rappel :

L'animateur pose la question suivante (nombre de choix possibles : voir encadré ci-contre) :

«Quelles sont vos x solutions préférées? (classez les par ordre de préférence : 1er choix, 2e choix…). … et les solutions que vous refusez?» (maximum 2 solutions refusées)».*

*Limitez le nombre de choix possibles :
• nombre de solutions préférées ≈ nombre d'orientations possibles divisé par 2;
• nombre de refus : 2 maxi.

L'animateur laisse quelques minutes de réflexion aux participants pour leur permettre de répondre par écrit.

L'animateur ramasse les feuilles et reporte les choix et refus dans un nouveau tableau visible de tous :

Exemple

Solutions >	A	B	C	E
1er choix	III		I	IIIIII
2e choix	I	I	IIII	II
Refus		XXXX		

Phase 3 – Décision

La décision est réalisée à l'identique du cycle précédent. Rappel :

Dans le tableau de l'exemple ci-dessus, B est la solution la moins marquante.

L'animateur propose de l'éliminer en posant au groupe la question suivante :

«Personne ne s'oppose à l'élimination de la solution B?

Condition d'élimination : personne ne doit s'opposer à l'élimination (chaque participant a un droit de veto).

Si personne ne s'oppose à l'élimination de B, l'animateur écrit :

Consensus 100% : personne ne s'oppose à l'élimination de la solution B.

Si au moins un participant s'oppose à l'élimination de cette solution, le droit de veto a fonctionné, l'animateur écrit :

Consensus 100% : aucune solution n'est éliminée.

Dans ce cas, l'animateur précise que le processus est poursuivi sans éliminer la solution B.

Comment poursuivre ?

Si il ne reste qu'une solution, reportez-vous à la phase «aboutir au consensus». Si il reste deux solutions ou plus, réalisez avec ces solutions restantes le cycle analyse/sondage/décision suivant : «analyse points forts».

LE CYCLE ANALYSE POINTS FORTS/SONDAGE/DÉCISION

L'objectif est de faire ressortir l'enthousiasme des participants en faveur de telle ou telle solution.

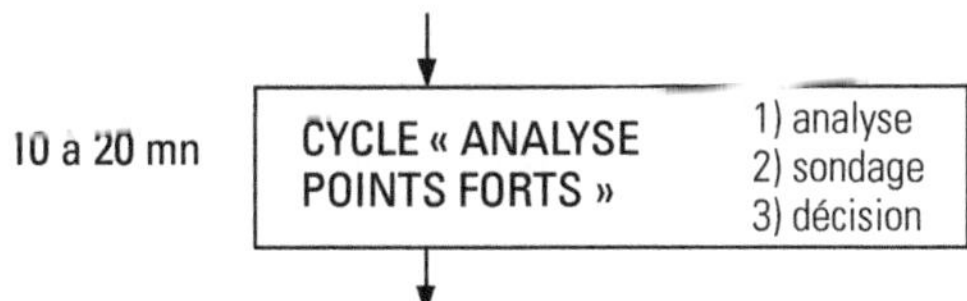

■ *Phase 1 – Analyse points forts*

L'animateur pose la question suivante au groupe :

«*Quels sont les points forts de la solution "n"?*»

ou bien «*pourquoi aimez-vous la solution "n"?*»

... et reporte les réponses des participants dans un tableau visible de tous :

Points forts solution «n»
• ... • ...
Points forts solution ...
• ... • ...

L'animateur rappelle aux participants que ce tableau ne sert pas à décider mais les aide à faire leurs choix lors du sondage qui suit.

A ce stade, par rapport au cycle précédent, les participants perçoivent les solutions de manière plus précise. Par conséquent, il est nécessaire de les sonder et de les faire décider à nouveau. Ces deux phases prennent chacune quelques minutes au maximum.

Est-il possible de réaliser «l'analyse points faibles» et «l'analyse points forts» simultanément?

Ces deux modèles sont très différents : «L'analyse points faibles» souligne les inconvénients en vue d'éliminer des solutions. «L'analyse points forts» fait ressortir l'enthousiasme des participants. Par ailleurs, fractionner la quantité d'informations délivrée facilite la compréhension par les participants.

Par conséquent, sauf si votre temps est limité ou si votre sujet est simple, il me semble préférable de ne pas réaliser ces deux analyses simultanément.

■ *Phase 2 – Sondage*

Ce sondage est réalisé à l'identique des cycles précédents. Rappel :

L'animateur pose la question suivante (nombre de choix possibles : voir encadré ci-contre) :

«*Quelles sont vos x* solutions préférées? (classez les par ordre de préférence : 1er choix, 2e choix...). ... et les solutions que vous refusez?» (maximum 2 solutions refusées)».*

L'animateur laisse quelques minutes de réflexion aux participants pour leur permettre de répondre par écrit.

L'animateur ramasse les feuilles et reporte les choix et refus dans un nouveau tableau visible de tous :

* Limitez le nombre de choix possibles :
• nombre de solutions préférées ≈ nombre de solutions possibles divisé par 2 ;
• nombre de refus : 2 maxi.

Exemple

Solutions >	A	B	C	E
1er choix	III		I	IIIIII
2e choix	I	I	IIII	II
Refus		XXXX		

■ *Phase 3 – Décision*

La décision est réalisée à l'identique des cycles précédents. Rappel :

Dans le tableau de l'exemple ci-dessus, B est la solution la moins marquante.

L'animateur propose de l'éliminer en posant au groupe la question suivante :

«Personne ne s'oppose à l'élimination de la solution B?

Condition d'élimination : personne ne doit s'opposer à l'élimination (chaque participant a un droit de veto).

Si personne ne s'oppose à l'élimination de B, l'animateur écrit :

Consensus 100% : personne ne s'oppose à l'élimination de la solution B.

Si au moins un participant s'oppose à l'élimination de cette solution, le droit de veto a fonctionné, l'animateur écrit :

Consensus 100% : aucune solution n'est éliminée.

■ *Comment poursuivre ?*

Qu'il vous reste une ou plusieurs, reportez-vous à la phase «aboutir au consensus». Cette phase vous propose différents scénarios pour aboutir au consensus.

Aboutir au consensus

Le processus s'achève après avoir formulé la décision et obtenu le consensus 100% en faveur de cette décision.

La formulation de la décision dépend de la situation dans laquelle vous êtes à l'issue des cycles analyse/sondage/décision. Dans tous les cas vous êtes dans une des situations suivantes :

Situation 1) vous êtes face à une unique solution restante;

Situation 2) vous êtes face à une unique solution dominante;

Situation 3) vous êtes face à 2 ou 3 solutions dominantes;

Situation 4) vous êtes sans solution dominante.

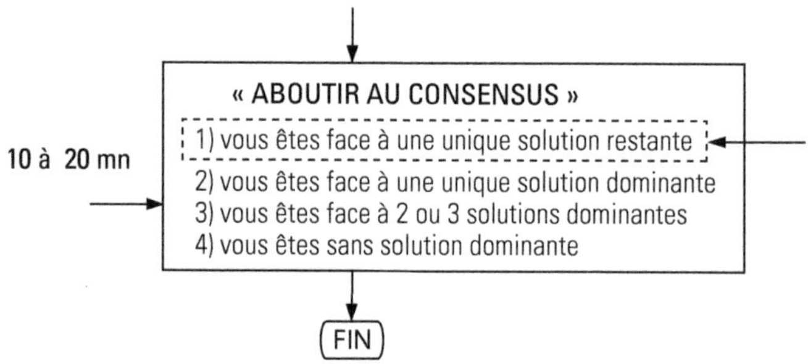

Situation 1 : « vous êtes face à une unique solution restante »

A l'issue d'un des cycles analyse/sondage/décision, il vous reste une unique solution.

■ ***Phase 1 : formulez la décision***

L'animateur propose la décision, il écrit :

La solution restante est retenue.

■ ***Phase 2 : sondez le groupe***

L'animateur sonde le groupe en posant la question :

«Personne ne s'oppose à cette décision?».

Votre processus est terminé si le **consensus 100%** est obtenu.

Dans le cas contraire, il vous faut trouver d'autres solutions (les avez-vous toutes imaginées initialement?) ce qui vous amène à retourner à l'étape 2 «rechercher des solutions» *(toutefois, en quelques années d'expérimentation, je n'ai jamais rencontré cette situation).*

SITUATION 2 : « VOUS ÊTES FACE À UNE SOLUTION DOMINANTE »

A l'issue du dernier cycle analyse/sondage/décision, il vous reste plusieurs solutions dont l'une d'entre elles domine les autres.

Phase 1 : formulez la décision

L'animateur propose la décision, il écrit :

La solution dominante est retenue, les solutions en retrait sont des solutions de secours (ou sont des solutions à explorer).

Contrairement à la formulation «solution de secours», «explorer» sous-entend qu'il faut au moins se renseigner sur la solution concernée. En cas d'avantage majeur non perçu au départ, il est possible de remettre en cause la solution retenue en réunissant le groupe à nouveau (cette situation est très rare).

Lors du sondage ci-contre, pour gagner du temps, je vous recommande de réaliser ces sondages de manière «ouverte» et non pas par écrit (contrairement aux sondages des cycles d'analyse qui nécessitent des décisions plus élaborées). Bien entendu, soyez très attentifs aux refus non exprimés verbalement (timidité, influence du chef...). Suscitez l'expression du droit de veto en vous adressant, même par un simple regard, à chaque participant.

Phase 2 : sondez le groupe

L'animateur sonde le groupe en posant la question :

«Personne ne s'oppose à cette décision?».

Votre processus est terminé si le **consensus 100%** est obtenu. Dans le cas contraire, reformulez la décision (phase 1) en agissant sur les solutions de secours ou sur les solutions à explorer. Si le consensus n'est toujours pas obtenu (situation rare), passez à la phase 3 ci-dessous.

Phase 3 : reformulez la décision

L'animateur propose la décision, il écrit :

Pré-développer telle ou telle solution... ; la décision sera prise ultérieurement.

Cette décision revient à dire qu'il est prématuré de décider.

■ ***Phase 4 : sondez le groupe***

L'animateur sonde le groupe en posant la question :

«Personne ne s'oppose à cette décision?».

Votre processus est terminé si le **consensus 100%** est obtenu. Dans le cas contraire (situation très rare à ce stade), reformulez la décision différemment (phase 3) puis re-sondez le groupe.

Lors du sondage, il suffit qu'un participant s'oppose à la décision pour invalider cette décision. Toutefois, lorsque le groupe est important et si une seule personne s'oppose à cette décision, vous pouvez lui demander les raisons de son refus :

- soit ses raisons ne sont pas pertinentes et «l'opposant» ne peut qu'approuver la décision proposée. Dans le cas très peu probable où l'unique opposant refuse quand même la décision, vous pouvez proposer au groupe de passer outre cet avis contraire. Si le groupe est d'accord, retenez la dernière décision;
- soit ses raisons sont pertinentes et «l'opposant» a convaincu l'un ou l'autre membre du groupe. Dans ce cas, il est nécessaire de reformuler la décision.

Situation 3 : «Vous êtes face à 2 ou 3 solutions dominantes»

A l'issue du dernier cycle analyse/sondage/décision, il reste plusieurs solutions dont deux ou trois dominent les autres.

■ ***Phase 1 : formulez la décision :***

L'animateur propose la décision, il écrit :

Pré-développer les deux (ou trois) solutions dominantes; la décision sera prise ultérieurement.

Cette décision revient à dire qu'il est prématuré de décider.

■ ***Phase 2 : sondez le groupe***

L'animateur sonde le groupe en posant la question :

«Personne ne s'oppose à cette décision?».

Votre processus est terminé si le **consensus 100%** est obtenu. Dans le cas contraire (situation rare à ce stade), reformulez la décision (phase 1) en rajoutant des solutions à explorer puis re-sondez le groupe.

SITUATION 4 : « VOUS ÊTES SANS SOLUTION DOMINANTE »

A l'issue du dernier cycle analyse/sondage/décision, il vous reste plusieurs solutions SANS solution(s) dominante(s).

Cette situation se produit lorsque les solutions identifiées ne sont pas suffisamment claires.

Cette décision revient à dire qu'il est prématuré de décider.

- ***Phase 1 : formulez la décision***

L'animateur propose la décision, il écrit :

Pré-développer telle ou telle solution... ; la décision sera prise ultérieurement.

- ***Phase 2 : sondez le groupe***

L'animateur sonde le groupe en posant la question :

«Personne ne s'oppose à cette décision?».

Votre processus est terminé si le **consensus 100%** est obtenu. Dans le cas contraire (situation très rare à ce stade), reformulez la décision différemment (phase 1) puis re-sondez le groupe.

À la fin du processus

L'animateur prend des photos des différents cycles – analyse/sondage/décision – affichés sur les murs puis recueille toutes les feuilles (paper board). Après la session, l'animateur saisit l'ensemble du processus et réalise le compte-rendu de la session.

Quelques exemples représentatifs des situations que vous pouvez rencontrer

Pour vous permettre de vous approprier facilement la méthode, je vous présente différents exemples vécus. Ces exemples soulignent la simplicité de la méthode ainsi que son adaptation à tous types sujets.

Chacun de ces exemples a fait l'objet des trois étapes : BESOINS – SOLUTIONS - CHOIX; seule la dernière étape est abordée dans les exemples qui suivent.

Il est important de rajouter qu'avant le déroulement de la méthode, les participants ne sont pas du tout d'accord quant aux choix à faire.

J'ai retenu les exemples ci-dessous pour les raisons suivantes :

- Développement d'un groupe : voir fin du chapitre 2.
- Conception d'un laminoir : cet exemple montre que le consensus en faveur d'une solution peut s'obtenir au terme d'un unique cycle «analyse/sondage/décision».
- Structure de la porte d'un four : cet exemple illustre le fonctionnement du droit de veto ainsi qu'un consensus sous forme de non décision (il faut pré-développer trois solutions);
- Définition d'un support de vérin : cet exemple est représentatif de la situation la plus couramment rencontrée : le consensus est obtenu en faveur d'une solution avec deux solutions de secours. Ces deux solutions de secours interviendraient en cas de problèmes lors du développement de la solution retenue.
- Fusion de trois services : cet exemple aborde la redéfinition des métiers et fonctions d'une centaine de personnes. Face à ce sujet hautement passionnel (la direction et les syndicats étaient présents dans le groupe), la méthode a permis d'obtenir un quasi consensus en faveur d'une solution (sur quinze personnes, un seul participant est contre la solution retenue).
- Définition de recommandations pour la conception de systèmes d'alertes et d'informations inter-véhicules : cet exemple est intéressant parce ce qu'il regroupe des participants qui viennent d'entreprises et d'administrations différentes (absence d'autorité commune; les membres du groupe ne se connaissent pas). De plus, le premier cycle «analyse/sondage/décision» a consisté non pas à choisir des solutions mais à réaliser des combinaisons de solutions élémentaires. Ce processus particulier a débouché sur six combinaisons ce qui a permis d'éviter l'analyse de l'ensemble des combinaisons possibles (plusieurs centaines), tâche impossible à réaliser. La suite du processus s'est déroulée de manière conventionnelle.

EXEMPLE DU LAMINOIR

QUEL EST LE CONTEXTE DE L'ENTREPRISE ?

L'entreprise concernée est une filiale d'un groupe international dont l'effectif représente plus de cent mille personnes. Cette filiale est spécialisée dans la production de machines agroalimentaires et pharmaceutiques. Avec environ cinquante personnes, cette filiale est leader mondial sur son marché.

QUELLE EST LA DEMANDE DE L'ENTREPRISE?

Cette filiale veut réduire les coûts (-30%) de sa gamme de laminoirs. Ces laminoirs se composent de multiples postes de transformations du produit : réception, poudrage, aspiration, laminage (cinq postes), coupe, recyclage déchets, détection métaux, empilage avant emballage.

COMMENT EST COMPOSÉ LE GROUPE DE TRAVAIL?

Le groupe de travail réuni, à composante internationale, se compose d'environ dix personnes (bureau d'étude, production, SAV, commerciaux...).

QUE DONNE LA RECHERCHE DE SOLUTIONS?

La recherche de solution débouche sur 15 carrefours stratégiques qui nécessitent chacun une décision à prendre.

Parmi ces 15 décisions à prendre, je vous présente deux exemples : le châssis du laminoir et le poste «poudrage produit». Ces exemples montrent que le consensus en faveur d'une solution peut s'obtenir au terme d'un unique cycle analyse/sondage/décision.

SOLUTIONS IMAGINÉES PAR LE GROUPE POUR LE CHÂSSIS DU LAMINOIR :

A - solution actuelle : châssis réalisé d'un tenant (pas de découpage);

B - châssis paramétré en fonction des besoins du client;

C - châssis sous forme de modules regroupant chacun plusieurs postes;

D - solution C + un module paramétré;

E - un châssis par poste (soit environ quinze petits châssis).

CYCLE 1/1 : « ANALYSE MULTICRITÈRES »

■ *Phase 1 – analyse multicritères*

L'animateur réalise un brainstorming pour identifier les critères qui permettent de choisir les solutions. Il pose la question suivante au groupe :

«Quelles sont les critères qui permettent de choisir les solutions?»

... et reporte les critères de choix dans un tableau visible de tous :

Solutions → *Critères de choix ↓*	A	B	C	D	E
critère x					
critère y					
critère...					

Lorsque tous les critères sont identifiés, l'animateur demande au groupe d'évaluer chaque solution critère par critère. Il pose au groupe la question suivante :

«Comment la solution n répond-elle au critère?»

Le tableau est rempli en commun : l'animateur reporte les appréciations A1-A2-A3 du groupe dans le tableau ci-dessus. En cas de divergence au sein du groupe, l'animateur retient l'avis majoritaire.

«Le défaut d'un pixel ne change pas la vision globale de l'écran» : une évaluation erronée sur un critère ne va pas changer l'appréciation globale sur le sujet → retenez l'avis majoritaire en cas de divergence sur une appréciation.

Ceci nous donne :

Critères de choix	A	B	C	D	E
géométrie, rigidité	A1	A1	**A2**	**A2**	**A3**
coût, standardisation	**A2**	**A3**	**A2**	**A3**	**A2**
encombrement, facilité transport	**A2**	**A2**	A1	A1	A1
facilité installation	A1	A1	**A2**	**A2**	A1
facilité implantation liaisons utilitaires	A1	A1	**A2**	**A2**	**A3**
modularité, flexibilité implantation	**A3**	**A3**	A1	A1	A1
esthétique, image	A1	A1	A1	A1	A1

L'animateur rappelle aux participants que ce tableau ne sert pas à décider mais les aide à faire leurs choix lors du sondage.

A1 = répond bien au critère
A2 = répond partiellement au critère
A3 = ne répond pas au critère

Phase 2 – Sondage

L'animateur rappelle aux participants que ce sont eux qui choisissent et non pas la méthode.

L'animateur demande au groupe de regarder le tableau précédent puis pose la question suivante (nombre de choix possibles : voir encadré ci-contre) :

«Quelles sont vos deux solutions préférées? (classez les par ordre de préférence : 1er choix, 2e choix...). ... et la solution que vous refusez?»*

* Limitez le nombre de choix possibles :
• nombre de solutions préférées ≈ nombre d'orientations possibles divisé par 2;
• nombre de refus : 2 maxi.

L'animateur laisse quelques minutes de réflexion aux participants pour leur permettre de répondre par écrit.

L'animateur ramasse les feuilles et reporte les choix et refus dans un nouveau tableau visible de tous. Ceci nous donne :

	A	B	C	D	E
1er choix			IIIIII	I	
2e choix	I	III	I		I
Refus	RR			RRRRR	RR

Phase 3 – Décision

L'animateur rappelle aux participants que ce sont eux qui décident et non pas la méthode.

A, B, D et E sont les solutions les moins marquantes, l'animateur propose de les éliminer en posant au groupe la question suivante :

Au stade de la décision, je vous recommande de réaliser les propositions d'élimination de manière «ouverte» et non pas par écrit (contrairement à la phase 2 qui nécessite des décisions plus élaborées). Lorsque vous proposez d'éliminer telle ou telle solution, soyez très attentif aux refus non exprimés verbalement (timidité, influence du chef...). Suscitez l'expression du droit de veto par des questions bien formulées et en vous adressant, même par un simple regard, à chaque participant.

«Personne ne s'oppose à l'élimination de la solution A?

Puis :

«Personne ne s'oppose à l'élimination de la solution B? … D? … E?»

Condition d'élimination : personne ne doit s'opposer à l'élimination (chaque participant a un droit de veto).

Personne ne s'oppose à l'élimination de ces quatre solutions.

L'animateur écrit :

Consensus 100% : personne ne s'oppose à l'élimination des solutions A, B, D et E.

Comme il ne reste qu'une seule solution, l'animateur passe directement à la phase «aboutir au consensus».

Le consensus est obtenu au terme d'un unique cycle analyse/sondage/décision.

Aboutir au consensus

Il ne reste que la solution C : il s'agit de la situation 1 de la phase «aboutir au consensus» : Vous êtes face à une unique solution restante. L'animateur propose la décision, il écrit :

La solution restante C est retenue.

L'animateur sonde le groupe en posant la question :

«Personne ne s'oppose à cette décision?».

Personne ne s'oppose à cette décision, donc l'animateur écrit :

Consensus 100% : la solution C est retenue.

Solutions imaginées par le groupe pour le poste «poudrage produit»

A - solution actuelle;

B - poudrage par tambours perforés;

C - poudrage sur tambours;

D - poudrage par projection;

E - poudrage par calendrage vertical;

F - poudrage par bain;

G - poudrage par barbotage.

Sauf exception, les exemples qui suivent sont présentés sans commentaires. Cette présentation est une copie des comptes-rendus réalisés.

CYCLE 1/1 : « ANALYSE MULTICRITÈRES »

1 – Analyse

Critères de choix	A	B	C	D	E	F	G
interface avec doseur poudre	A1	**A2**	**A2**	**A2**	A1	A1	A1
régularité poudrage	A1	**A2**	A1	A1	A1	A1	A1
facilité dosage	A1	**A2**	A1	A1	A1	A1	**A2**
propreté	A1	A1	**A2**	**A2**	**A2**	**A2**	**A2**
caractéristiques anti-collage	A1	**A2**	A1	A1	A1	**A3**	A1
stabilité poudre après pose	A1	A1	A1	**A2**	**A2**	A1	A1
risque technique	A1	**A2**	**A2**	**A3**	**A2**	**A2**	**A2**
compatibilité avec poudres	A1	**A2**	**A2**	**A2**	A1	**A2**	**A2**
rapidité changement poudre	A1	**A2**	**A2**	**A2**	A1	**A2**	**A2**
coût	**A2**	**A2**	A1	A1	A1	**A2**	**A2**
comportement produit	A1	**A2**	**A2**	**A3**	**A2**	A1	A1

Compte tenu du nombre important de carrefours stratégiques et du temps limité, le groupe décide de faire un seul cycle et de formuler la décision directement après ce cycle.

2 – Sondage

«Quelles sont vos deux solutions préférées? (classez les par ordre de préférence : 1er choix, 2e choix...). ... et les deux solutions que vous refusez?»

	A	B	C	D	E	F	G
1er choix	IIIII				IIIII		
2e choix	IIII	I			IIIII		
Refus			RRRRRRRR	RRRRRR		RRR	RR

■ *3 – Décision*

Il s'agit de la situation 3 de la phase «aboutir au consensus» : Vous êtes face à 2 ou 3 solutions dominantes.

Consensus 100% : personne ne s'oppose à l'élimination des solutions B, C, D, F et G.

Il reste deux solutions, par conséquent l'animateur devrait passer au cycle analyse/sondage/décision suivant : analyse multicritères. Toutefois, compte tenu du temps limité dont dispose le groupe, les participants décident de passer directement à la phase «aboutir au consensus».

ABOUTIR AU CONSENSUS

Consensus 100% : pré-développer les solutions A et E et choisir ultérieurement.

EXEMPLE «STRUCTURE DE LA PORTE D'UN FOUR»

QUEL EST LE CONTEXTE DE L'ENTREPRISE?

La société concernée est une filiale d'une multinationale dont l'effectif représente plusieurs dizaines de milliers de personnes. Cette filiale est spécialisée dans la production d'appareils électroménagers haut de gamme. L'effectif de cette filiale représente environ 350 personnes.

QUELLE EST LA DEMANDE DE L'ENTREPRISE?

Cette filiale veut redéfinir l'ensemble de sa gamme de fours avec un objectif de réduction des coûts d'environ 20%.

COMMENT EST COMPOSÉ LE GROUPE DE TRAVAIL?

Le groupe de travail international réuni se compose d'environ douze personnes (marketing, bureau d'étude, production, laboratoire, SAV, commerciaux...).

QUE DONNE LA RECHERCHE DE SOLUTIONS?

Le groupe imagine plus de 1000 solutions élémentaires. La structuration de ces 1000 solutions fait émerger 25 carrefours stratégiques qui nécessitent chacun une décision à prendre.

Parmi ces 25 décisions à prendre, je vous présente la structure de la porte. Cet exemple illustre le fonctionnement du droit de veto ainsi qu'un consensus sous forme de non décision (il faut pré-développer trois solutions).

SOLUTIONS IMAGINÉES PAR LE GROUPE POUR LA STRUCTURE DE LA PORTE :

A - vitres autoporteuses;

B - cadre quatre profilés tôle;

C - cadre quatre profilés alu;

D - cadre embouti;

E - cadre mixte tôle + profilés alu;

F - cadre moulé.

CYCLE 1/3 : « ELAGUER »

L'objectif étant de supprimer les solutions fantaisistes dès le début, le sondage est réalisé directement sans analyse ni discussion préalables.

1 - *Sondage*

«Quelles sont les deux familles de solutions que vous refusez?»

	A	B	C	D	E	F
Refus	RR	RRR	R		RR	RRR

2 - *Décision*

L'animateur propose d'éliminer A, B, E et F en posant au groupe la question suivante :

«Personne ne s'oppose à l'élimination de la solution A? ... B? ... E? ... F?»

Condition d'élimination : personne ne doit s'opposer à l'élimination (chaque participant a un droit de veto).

Au moins une personne s'oppose à l'élimination de A, B, E ou F; le droit de veto a fonctionné, l'animateur écrit :

Consensus 100% : aucune famille n'est éliminée à ce stade.

Le droit de veto des membres du groupe a fonctionné : à chaque proposition d'élimination d'une famille de solutions, au moins une personne s'y est opposée.

Cycle 2/3 : « Analyse multicritères »

1 – Analyse

Critères de choix	A	B	C	D	E	F
Coût de revient	A1	**A2**	**A2**	A1	**A2**	A1
Coût investissement	A1	**A2**	A1	**A2**	**A2**	A3
Compatibilité / 3 tailles	A1	A1	A1	A1	A1	A3
Design, finition	**A2**	A3	A3	A1	A3	A1
Couleur matériaux	**A2**	A1	**A2**	A1	A3	**A2**
Montabilité	**A2**	**A2**	**A2**	A1	**A2**	A1
Risque technique	**A2**	A1	**A2**	A1	A1	**A2**
Robustesse, planéité	A1	**A2**	A1	A1	A1	**A2**
Compatibilité ouvertures (2)	A1	A1	A1	**A2**	A1	A1
Isolation thermique	A1	A1	A1	A1	A1	A1
Compatibilité avec design	**A2**	**A2**	A1	A1	A1	A1
Nettoyabilité	**A2**	**A2**	**A2**	A1	**A2**	A1

A1 = répond bien au critère
A2 = répond partiellement au critère
A3 = ne répond pas au critère

L'animateur rappelle aux participants que ce tableau ne sert pas à décider mais les aide à faire leurs choix lors du sondage.

2 – Sondage

«Quelles sont vos trois solutions préférées? (classez les par ordre de préférence : 1er choix, 2e choix...). ... et les deux solutions que vous refusez?»

	A	B	C	D	E	F
1er choix	I			III		III
2e choix	II			IIII		I
3e choix	II	I	II			I
Refus		RRR	RR		RRRRR	R

■ 3 – *Décision*

B, C et E sont les solutions les moins marquantes.

L'animateur propose de les éliminer en posant au groupe la question suivante :

«Personne ne s'oppose à l'élimination de la solution B? … C? … E?»

Condition d'élimination : personne ne doit s'opposer à l'élimination (chaque participant a un droit de veto).

Personne ne s'oppose à l'élimination de ces trois solutions, donc l'animateur écrit :

Consensus 100% : personne ne s'oppose à l'élimination des familles B, C et E.
Cycle 3/3, «Analyse points faibles» combinée avec «Analyse points forts»

■ *1 – Analyse*

Risques et points faibles A
• Collage. *Comment minimiser le risque? Nécessite de maîtriser le processus de collage (réaliste).* • Esthétique, aspect bas de gamme. *Comment minimiser le risque? S'inspirer de la gamme…* • Fragilité. *Comment minimiser le risque? C'est un faux problème (cf. gamme…).* • Manque de caractère. *Comment minimiser le risque? Pas de solution.*
Points forts A
• Absence de cadre => beau, légèreté.
Risques et points faibles D
• Complexité intérieur porte. *Comment minimiser le risque? Faux problème.* • Maîtrise déformation. *Comment minimiser le risque? Nécessite d'adapter le cadre aux contraintes de l'emboutissage.*
Points forts D
• Sûr, facile à monter, applicable sur toutes les gammes, compatible avec pyrolyse.

Rappel : est-il intéressant de réaliser «l'analyse points faibles» et «l'analyse points forts» simultanément?

Ces deux modèles sont très différents : «L'analyse points faibles» souligne les inconvénients en vue d'éliminer des solutions. «L'analyse points forts» fait ressortir l'enthousiasme des participants.

Par ailleurs, fractionner la quantité d'informations délivrée facilite la compréhension par les participants. Par conséquent, sauf si votre temps est limité (ce qui est le cas pour l'exemple ci-contre) ou si votre sujet est simple, il me semble préférable de ne pas réaliser ces deux analyses simultanément.

Risques et points faibles F
• Rentabilité. *Comment minimiser le risque? Evaluer finement la rentabilité.* • Finition surface (température). *Comment minimiser le risque? Limiter l'impact de la chaleur en soignant la conception.*
Points forts F
• Très joli, aspect massif, pas de jonctions, applicable sur toutes les gammes.

2 – *Sondage*

«Quelles sont vos trois solutions préférées? (classez les par ordre de préférence : 1er choix, 2e choix…). … et la solution que vous refusez?»

	A	D	F
1er choix	III	III	I
2e choix	I	III	III
3e choix			III
Refus	RRRR	R	

3 – *Décision*

A est souvent refusée.

L'animateur propose d'éliminer A en posant au groupe la question suivante :

«Personne ne s'oppose à l'élimination de la solution A?»

Condition d'élimination : personne ne doit s'opposer à l'élimination (chaque participant a un droit de veto).

Au moins une personne s'oppose à l'élimination de A, le droit de veto a fonctionné, l'animateur écrit :

Consensus 100% : aucune famille n'est éliminée.

ABOUTIR AU CONSENSUS

Il s'agit de la situation 3 de la phase «aboutir au consensus» : *Vous êtes face à 2 ou 3 solutions dominantes.*

L'animateur propose la décision, il écrit :

Pré-développer les solutions A, D et F; la décision sera prise ultérieurement.

L'animateur sonde le groupe en posant la question :

«Personne ne s'oppose à cette décision?».

Personne ne s'oppose à cette décision, donc l'animateur écrit :

Consensus 100% : pré-développer les familles A, D et F et choisir ultérieurement.

Cette décision revient à dire qu'il est prématuré de décider.

EXEMPLE DU SUPPORT D'UN VÉRIN

QUEL EST LE CONTEXTE DE L'ENTREPRISE?

L'entreprise est une multinationale de grande taille spécialisée dans la production de bureaux et de fauteuils de bureaux.

QUELLE EST LA DEMANDE DE L'ENTREPRISE?

Cette entreprise veut résoudre différents problèmes liés à des difficultés de production des piétements de bureaux. L'exemple retenu ici concerne le positionnement avant soudure du vérin à vis sur le piétement. Le vérin à vis est le système qui permet de compenser les défauts du sol.

COMMENT EST CONSTITUÉ LE GROUPE DE TRAVAIL?

Le groupe compte sept personnes (bureau d'étude, production, contrôle, montage...).

QUE DONNE LA RECHERCHE DE SOLUTIONS POUR LE SUPPORT VÉRIN?

Solutions imaginées par le groupe :

A - appui partiel plus gabarit;
B - pas de contact, positionnement par gabarit;
C - appui double plus gabarit;
D - trois points, configuration 1;
E - trois points, configuration 2.

Cycle 1/2 : « Analyse multicritères »

A1 = répond bien au critère
A2 = répond partiellement au critère
A3 = ne répond pas au critère

1 – Analyse

Critères de choix	A	B	C	D	E
Esthétique	A1	A1	A1	A1	**A2**
Perpendicularité vérin	A1	A1	A1	**A2**	A1
Accès soudure	**A2**	**A2**	**A2**	**A2**	**A2**
Positionnement sans gabarit	**A2**	**A2**	**A2**	A1	A1
Facilité réalisation jeux f.	A1	**A2**	A1	**A2**	A1
Coût pièces	A1	A1	A1	A1	A1
Coût gabarit	A1	A1	A1	A1	A1
Durée soudure	A1	A1	A1	A1	A1
Facilité contrôle	A1	A1	A1	A1	A1
Ergonomie poste	A1	A1	A1	A1	A1
Tenue mécanique	A1	**A2**	A1	A1	A1

L'animateur rappelle aux participants que ce tableau ne sert pas à décider mais les aide à faire leurs choix lors du sondage.

2 – Sondage

«Quelles sont vos trois solutions préférées? (classez les par ordre de préférence : 1er choix, 2e choix...). ... et la solution que vous refusez?»

	A	B	C	D	E
1er choix	IIIII				I
2e choix			IIIII	I	I
3e choix		III	II		I
Refus	R	RR		RR	R

3 – Décision

Consensus 100% : personne ne s'oppose à l'élimination de la famille D.

CYCLE 2/2 : « ANALYSE POINTS FAIBLES » COMBINÉE AVEC « ANALYSE POINTS FORTS »

1 – *Analyse*

Risques et points faibles A
• irrégularité du jeu
Points forts A
• cotation aisée • solution partiellement développée • esthétique
Risques et points faibles B
• pas de contact (maîtrise écart)
Points forts B
• facilité de positionnement
Risques et points faibles C
• jeu arrière inesthétique • jeu sur courbe inesthétique
Points forts C
• facilité positionnement • facilité contrôle
Risques et points faibles E
• jeu inesthétique • nécessite une opération supplémentaire
Points forts E
• facilité de positionnement

2 – *Sondage*

«Quelles sont vos deux solutions préférées? (classez les par ordre de préférence : 1er choix, 2e choix…). … et la solution que vous refusez?»

	A	B	C	E
1er choix	IIIIII			I
2e choix		I	IIIII	I
Refus	R	RRR		R

3 - *Décision*

Consensus 100% : personne ne s'oppose à l'élimination de la solution B.

Il s'agit de la situation 2 de la phase «aboutir au consensus» : *Vous êtes face à une unique solution dominante.*

Aboutir au consensus

Consensus 100% : A est retenue, C et E sont des solutions de secours (en privilégiant C).

Ce type de conclusion est très courant.

EXEMPLE DE LA FUSION DE TROIS SERVICES

Quel est le contexte de l'entreprise?

L'entreprise concernée est une multinationale de grande taille (plusieurs milliers de personnes). Cette entreprise comprend les trois services suivants (environ cent personnes) :

- administration des ventes (ADV);
- logistique standard (LS);
- service après vente (SAV).

Quelle est la demande de l'entreprise

Ces trois services présentent chacun un point d'entrée différent pour le client, ce qui est déroutant pour ce dernier. D'où l'objectif : le client doit avoir un

« interlocuteur unique ». Par ailleurs, les missions des trois services sont partiellement redondantes d'où des dépenses inutiles et un manque d'homogénéité des méthodes. Par conséquent, la direction souhaite fusionner ces trois services.

COMMENT EST CONSTITUÉ LE GROUPE DE TRAVAIL ?

Le groupe réunit quinze personnes issues des trois services. Les chefs de services ainsi que les responsables syndicaux font partie du groupe.

QUE DONNE LA RECHERCHE DE SOLUTIONS POUR FUSIONNER CES TROIS SERVICES ?

Solutions imaginées par le groupe :

Thème principal

A - solution actuelle (la solution actuelle est évaluée pour la comparer aux nouvelles solutions ci-après) ;

B - groupes* multifonctions ADV-LS-SAV ; multifonctions sous-entend des spécialistes ADV, LS ou SAV à l'intérieur de chaque groupe ;

C - groupes* bifonctions ADV-LS ;

D - groupes* multitâches ;

E - pas de groupes ;

F - groupes spécialisés par phases.

* environ six groupes.

Thème complémentaire

Les groupes des solutions B-C-D se composent de huit à douze personnes assistées par quelques « experts » non affectés aux groupes. Chaque groupe peut être spécialisé (ou non) suivant les critères :

K - groupes spécialisés par langues (groupes bilingues ou trilingues) ;

L - groupes spécialisés par zones géographiques (zone latine, germanique, anglo saxone...) ;

M - groupes non spécialisés ;

N - groupes spécialisés en fonction de la taille du client ;

O - groupes spécialisés en fonction de la structure commerciale du client.

QUELLE EST LA MÉTHODE DE TRAVAIL RETENUE ?

Phase 1 : recherche du consensus pour le thème principal ;

Phase 2 : recherche du consensus pour le thème complémentaire.

THÈME PRINCIPAL
CYCLE 1/4 : « ELAGUER »

A - solution actuelle ;

B - groupes multifonctions ADV-LS-SAV ;

C - groupes bifonctions ADV-LS ;

D - groupes multitâches ;

E - pas de groupes ;

F - groupes spécialisés par phases.

L'objectif du cycle «élaguer» est de supprimer les solutions sans intérêt dès le début du processus. Ce cycle est intéressant lorsque les solutions possibles sont nombreuses (≈ > 5).

L'analyse est ici sans objet et l'on passe donc directement aux phases sondage et décision.

1 – *Sondage*

«excepté la solution A (solution actuelle qui est destinée à être remplacée) quelles sont les deux solutions que vous refusez?»

	(A)	B	C	D	E	F
Refus	/	R	RRR		RRRRRRRRRRRRRRR	RRRRRRRRR

2 – *Décision*

Consensus 100% : personne ne s'oppose à l'élimination des solutions E et F.

THÈME PRINCIPAL
CYCLE 2/4 « ANALYSE MULTICRITÈRES »

A - solution actuelle;

B - groupes multifonctions ADV-LS-SAV;

C - groupes bifonctions ADV-LS;

D - groupes multitâches.

Rappel : Si le tableau des critères n'est pas parfait, par exemple lorsque certains critères sont partiellement redondants ou lorsqu'un participant n'est pas convaincu par un critère, cela n'empêche pas les participants de se faire une opinion. L'essentiel est le droit de veto de chacun qui supprime le risque d'éliminer prématurément une solution.

1 – Analyse

Critères de choix	(A)	B	C	D
rapidité renseignement client	**A2**	**A2**	**A2**	A1
rapidité traitement commande	**A2**	**A2**	**A2**	A1
efficacité (le minimum d'énergie)	**A3**	**A2**	**A2**	A1
simplicité pour le client (interlocuteur unique)	**A3**	A1	**A2**	A1
qualité, fiabilité renseignement	**A2**	A1	**A2**	A1
qualité, fiabilité traitement commande	**A2**	A1	**A2**	A1
cohérence réponses	**A3**	A1	**A2**	A1
polyvalence du personnel	**A3**	**A2**	**A2**	A1
disponibilité	**A3**	A1	A1	**A2**

2 – Sondage

«Quelles sont vos deux solutions préférées? (classez les par ordre de préférence : 1er choix, 2e choix...). ... et la solution que vous refusez (excepté la solution actuelle A qui est destinée à être remplacée)?»

	(A)	B	C	D
1er choix		IIIII	II	IIIII
2e choix	I	IIIIII	I	IIII
Refus	/	RR	RRRRRRR	R

3 – *Décision*

L'animateur propose d'éliminer C en posant au groupe la question suivante :

«Personne ne s'oppose à l'élimination de la solution C?»

Condition d'élimination : personne ne doit s'opposer à l'élimination (chaque participant a un droit de veto).

Au moins une personne s'oppose à l'élimination de C, le droit de veto a fonctionné, l'animateur écrit :

Consensus 100% : aucune famille n'est éliminée à ce stade.

Thème principal
Cycle 3/4 « Analyse points faibles »

1 – *Analyse*

Points faibles B
• Problème si SAV ou LS absent. *Comment minimiser le risque? Jouer sur la polyvalence, recourir à un autre groupe.* • Trois interfaces. *Comment minimiser le risque? Soigner la communication, uniformiser les méthodes de travail* • Moins de contact avec le client. *Comment minimiser le risque? Pas de solution.*
Points faibles C
• Manque une compétence. *Comment minimiser le risque? Pas de solution.* • Ne répond pas à l'objectif «interlocuteur unique». *Comment minimiser le risque? Pas de solution.* • Le SAV ne développe pas pleinement les compétences produit. *Comment minimiser le risque? Pas de solution.* • Deux interfaces internes, une interface externe. *Comment minimiser le risque? Soigner la communication, uniformiser les méthodes de travail.*
Points faibles D
• Nécessite beaucoup de formation. *Comment minimiser le risque? Formations.* • Disponibilité pour le client. *Comment minimiser le risque? Apprendre à gérer les urgences.*

2 – *Sondage*

L'animateur demande au groupe de regarder le tableau précédent puis pose la question suivante :

«Quelles sont vos deux solutions préférées? (classez les par ordre de préférence : 1er choix, 2e choix…). … et la solution que vous refusez?»

L'animateur laisse quelques minutes de réflexion aux participants pour leur permettre de répondre par écrit.

L'animateur ramasse les feuilles et reporte les choix et refus dans le tableau.

Ceci nous donne :

	B	C	D
1er choix	II	I	IIIIIII
2e choix	III		I
Refus	R	RRRRRRRR	R

3 – Décision

Consensus 100% : personne ne s'oppose à l'élimination de la solution C.

THÈME PRINCIPAL
CYCLE 4/4 : « ANALYSE POINTS FORTS »

1 – Analyse

Points forts B
• rapprochement physique • communication • plus efficace que la solution actuelle • service client amélioré • cohésion, travail en équipe • très rapidement opérationnel
Points forts D
• évolution des métiers • la demande est traitée de A à Z par la même personne • pas d'interfaces • organisation simple et claire • partage des compétences • c'est «génial» pour le client • l'interlocuteur est unique

■ *2 – Sondage*

«Quelles est votre solution préférée? … et la solution que vous refusez?»

	B	D
1er choix	III	IIIIIIII
Refus	R	R

■ *3 – Décision*

Consensus 100% : aucune solution n'est éliminée.

Aboutir au consensus

Quasi consensus (92%) : la solution D est retenue, la solution B est abandonnée.

Un unique participant est contre cette décision. Le groupe est d'accord pour passer outre cet unique avis contraire.

Il s'agit de la situation 2 de la phase «aboutir au consensus» : *Vous êtes face à une unique solution dominante.*

Thème complémentaire
Cycle 1/1, « analyse multicritères »

K - groupes spécialisés par langue;

L - groupes spécialisés par zones géographiques;

M - groupes non spécialisés;

N - groupes spécialisés en fonction de la taille du client;

O - groupes spécialisés en fonction de la structure commerciale du client.

■ *1 – Analyse*

A1 = répond bien au critère
A2 = répond partiellement au critère
A3 = ne répond pas au critère

Critères de choix	K	L	M	N	O
facilité côté client	A1	A1	A1	A1	A1
équilibre entre les groupes (nombre de personnes)	A1	A1	A1	**A2**	**A2**
polyvalence des groupes	**A3**	**A3**	A1	**A2**	**A3**
langue bien maîtrisée par le groupe	A1	**A2**	**A2**	**A2**	A1
équilibre de la charge de travail entre groupes	A1	A1	A1	**A2**	**A3**

■ *2 – Sondage*

«Quelles sont vos deux solutions préférées? (classez les par ordre de préférence : 1er choix, 2e choix…). … et la solution que vous refusez?»

	K	L	M	N	O
1er choix	IIIIIII	II	I		
2e choix	II	III	I		II
Refus			RRRR	RRRRR	RR

■ *3 – Décision*

Consensus 100% : personne ne s'oppose à l'élimination des solutions L, M, N et O.

Il s'agit de la situation 1 de la phase «aboutir au consensus» : *Vous êtes face à une unique solution restante.*

Aboutir au consensus

Consensus 100% : la solution K est retenue.

Quelle est la solution retenue ?

Les groupes sont multitâches (quasi consensus) et spécialisés par langues : groupes bilingues ou trilingues (consensus 100%).

Chaque membre du groupe doit maîtriser les tâches suivantes :

- gestion des taux de service ;
- planification ADV ;
- gestion des statistiques ;
- démonstrations ;
- réservation des charges ;
- saisie.

Ces groupes sont assistés par des experts non affectés aux groupes :

- soutien technique et logistique ;
- assistance technique ;
- formation ;
- pré-facturation ;
- planification LS ;
- approvisionnements.

EXEMPLE « ALERTE ET INFORMATION INTER-VÉHICULES »

QUEL EST LE CONTEXTE ?

Il s'agit d'une administration qui a notamment pour mission d'imaginer de nouveaux concepts pour améliorer la sécurité routière.

QUELLE EST LA DEMANDE DE L'ENTREPRISE ?

L'information des usagers de la route est une des voies d'amélioration de la sécurité routière. Elle devrait en particulier permettre d'éviter des collisions arrières ou en chaîne ainsi que des sur accidents. C'est un sujet sur lequel travaillent des services de recherche spécialisés, des industriels et des inventeurs indépendants. Différents systèmes ont été évalués. Ces évaluations ont conduit le Ministère des Transports à demander à l'administration concernée de mener une réflexion en groupe pluridisciplinaire. Il s'agit de définir des « recommandations » à destination des développeurs de ces systèmes.

COMMENT EST CONSTITUÉ LE GROUPE DE TRAVAIL ?

Le groupe de travail comprend environ dix personnes issues d'administrations (majoritairement) ou d'entreprises différentes. Il s'agit de regrouper les spécialités suivantes : sécurité routière, psychologie de la conduite, sciences cognitives, ergonomie, respect de la réglementation routière, secours, télé-systèmes...

Ce groupe a des spécificités fortes :

- ses membres viennent d'administrations ou d'entreprises différentes (absence d'autorité commune et les membres du groupe ne se connaissent pas);
- les domaines d'expertises de chacun sont très différents tout en étant complémentaires.

QUE DONNE LA RECHERCHE DE SOLUTIONS POUR « L'ALERTE ET L'INFORMATION INTER-VÉHICULES » ?

Solutions élémentaires imaginées par le groupe :

a - déclenchement automatique par choc (0 choix par l'usager);

b - autodiagnostic automatique après échange de paramètres entre outils (0 choix par l'usager);

c1 - une touche courte portée (1 à 2 km) quel que soit l'événement (1 choix par l'usager);

c2 - une touche longue portée (>UP) quel que soit l'événement (1 choix par l'usager);

c3 - une touche très courte portée quel que soit l'événement (1 choix par l'usager);

d1 - sélection d'une typologie d'événement (environ 9 typologies sélectionnables par l'usager);

d2 - sélection d'un événement (une centaine d'événements sélectionnables par l'usager);

e - sélection d'un message ou d'une demande et sélection des destinataires;

f - action propres à UP, concerne les messages UP>U/1/2/3.

U1 = usager qui est impliqué dans l'événement
U2 = usager qui est témoin de l'événement
U3 = usager qui est loin de l'événement
UP = usager professionnel susceptible d'intervenir après un événement

CYCLE 1/3, « ANALYSE MULTICRITÈRES » DES SOLUTIONS ÉLÉMENTAIRES

1 – *Analyse*

CRITERES FONCTIONS INFORMATIVES ASSUREES PAR U1/2/3	a	b	c1	c2	c3	d1	d2	e	f
Demande d'assistance	A3	A3	A3	A1	/	A2	A1	A1	/
Identité et type	A1	A1	A1	A1	A1	A1	A1	A1	/
Nature de l'événement	A2	A3	A3	A3	A3	A2	A1	A3	/
Localisation relative et sens	A1	A1	A1	A1	A1	A1	A1	A1	/
Localisation absolue et sens	A1	A1	A1	A1	A1	A1	A1	A1	/
Durée de l'événement	A3	A3	A3	A3	/	A3	A2	A3	/
Prescription conduite à tenir	A3	A2	A2	A3	A2	A2	A2	A1	/
FONCTIONS INFORMATIVES	**a**	**b**	**c1**	**c2**	**c3**	**d1**	**d2**	**e**	**f**
Echanges entre U1-2-3 (CP)	A1	A1	A1	A3	A3	A1	A1	A1	/
Echanges entre U1-2 (TCP)	A1	A1	A3	A3	A1	A1	A1	A1	/
Echanges de U1/2/3 > UP (LP)	A1	A1	A3	A1	A3	A1	A1	A1	/
Echanges UP > U1/2/3 (LP ou CP)	/	/	/	/	/	/	/	/	A1
CRITERES FONCTIONS INFORMATIVES ASSUREES PAR UP	**a**	**b**	**c1**	**c2**	**c3**	**d1**	**d2**	**e**	**f**
Nature de l'événement	/	/	/	/	/	/	A1	A3	/
Localisation relative et sens	/	/	/	/	/	/	A1	A1	/
Localisation absolue et sens	/	/	/	/	/	/	A1	A1	/
Durée de l'événement	/	/	/	/	/	/	A1	A1	/
Prescription conduite à tenir	/	/	/	/	/	/	A1	A1	/
Signalisation arrivée UP	/	/	/	/	/	/	/	/	A1
Accusé de réception	/	/	/	/	/	/	/	/	A1
Délais d'intervention	/	/	/	/	/	/	/	/	A1
Blocage des émissions	/	/	/	/	/	/	/	/	A1

…/…

FONCTIONS TRANSVERSALES	a	b	c1	c2	c3	d1	d2	e	f
L'outil SE MANIPULE facilement...	A1	A1	A1	A1	A1	**A2**	**A3**	**A3**	/
L'outil RECUPERE les erreurs...	**A2**	**A2**	A1	A1	A1	A1	A1	A1	/
L'outil N'AUGMENTE pas le risque d'accident (distraction, saturation...)	A1	A1	**A2**	**A2**	**A2**	**A3**	**A3**	**A3**	/
AUTRES CRITERES	**a**	**b**	**c1**	**c2**	**c3**	**d1**	**d2**	**e**	**f**
Risque technique développement	**A2**	**A3**	**A2**	**A2**	**A2**	**A2**	**A2**	**A2**	/
Coût développement	A1	**A3**	A1	**A2**	A1	**A2**	**A2**	**A2**	/
Coût d'achat par l'usager	A1	**A3**	A1	**A3**	A1	**A3**	**A3**	**A3**	/
2e monte possible	A1	**A3**	A1	A1	A1	A1	A1	A1	/
Responsabilité, abus	A1	A1	**A2**	**A2**	**A2**	**A2**	**A2**	**A2**	/
Fiabilité système	**A2**	**A3**	**A2**	**A2**	**A2**	**A2**	**A3**	**A3**	A1

L'animateur rappelle aux participants que ce tableau ne sert pas à décider mais les aide à faire leurs choix lors du sondage.

■ *2 – Sondage*

«Quelles sont vos trois solutions ou combinaisons préférées? ...et la solution ou combinaison que vous refusez?»

a - déclenchement automatique par choc;

b - autodiagnostic automatique;

c1 - une touche courte portée (1 à 2 km);

c2 - une touche longue portée (>UP);

c3 - une touche très courte portée;

d1 - sélection typologie d'événement;

d2 - sélection d'un événement;

e - sélection d'un message ou d'une demande et sélection des destinataires.

Le choix à réaliser est plus élaboré que dans les autres exemples : il s'agit d'imaginer des combinaisons de solutions élémentaires. Procéder comme ceci permet d'éviter d'évaluer initialement un nombre très élevé de combinaisons.

	A = a	B = a + c1+ (c3)	C = a + c1 + (c3) + c2	D = a + c1 + (c3) + d2*	E = a + c1 + (c3) + d1	F = a + e*	G = a + d1+ d2*	H = e*	I = b
1er choix	I	IIII	II						
2e choix		I	I	III	I				
3e choix			I	I		I	I		
Refus	R							RRR	RR

* à l'arrêt

3 – *Décision*

Consensus 100% : personne ne s'oppose à l'élimination des solutions F, G, H et I.

Cycle 2/3, « analyse multicritères » des combinaisons de solutions

A = a

B = a + c1 + (c3)

C = a + c1 + (c3) + c2

D = a + c1 + (c3) + d2 à l'arrêt

E = a + c1 + (c3) + d1

a - déclenchement automatique par choc;

c1 - une touche courte portée (1 à 2 km);

c2 - une touche longue portée (>UP);

c3 - une touche très courte portée;

d1 - sélection typologie d'événement;

d2 - sélection d'un événement.

U1 = usager qui est impliqué dans l'événement
U2 = usager qui est témoin de l'événement
U3 = usager qui est loin de l'événement
UP = usager professionnel susceptible d'intervenir après un événement

1 – *Analyse*

CRITERES FONCTIONS INFORMATIVES ASSUREES PAR U1/2/3	A	B	C	D	E
Demande d'assistance	**A3**	**A3**	A1	A1	A1
Identité et type	A1	A1	A1	A1	A1
Nature de l'événement	A2	**A3**	**A3**	A1	**A2**
Localisation relative et sens	A1	A1	A1	A1	A1
Localisation absolue et sens	A1	A1	A1	A1	A1
Durée de l'événement	**A3**	**A3**	**A3**	**A2**	**A3**
Prescription conduite à tenir	**A3**	**A2**	**A2**	**A2**	**A2**
FONCTIONS INFORMATIVES	**A**	**B**	**C**	**D**	**E**
Echanges entre U1-2-3 (CP)	A1	A1	A1	A1	A1
Echanges entre U1-2 (TCP)	A1	A1	A1	A1	A1
Echanges de U1/2/3 > UP (LP)	A1	**A3**	A1	A1	A1
Echanges UP > U1/2/3 (LP ou CP)	/	/	/	/	/
FONCTIONS TRANSVERSALES	**A**	**B**	**C**	**D**	**E**
L'outil SE MANIPULE facilement...	A1	A1	**A2**	**A2**	**A3**
L'outil RECUPERE les erreurs...	**A2**	A1	A1	A1	A1
L'outil N'AUGMENTE pas le risque	A1	A1	A1	A1	**A3**
AUTRES CRITERES	**A**	**B**	**C**	**D**	**E**
Risque technique développement	**A2**	**A2**	**A2**	**A2**	**A2**
Coût développement	A1	A1	A1	**A2**	**A2**
Coût d'achat par l'usager	A1	A1	A1	**A2**	**A2**
2e monte possible	A1	A1	**A2**	A1	A1
Responsabilité, abus	A1	**A2**	**A2**	**A2**	**A2**
Fiabilité système	**A2**	**A2**	**A2**	**A2**	**A2**

L'animateur rappelle aux participants que ce tableau ne sert pas à décider mais les aide à faire leurs choix lors du sondage.

2 – Sondage

«Quelles sont vos trois solutions préférées? (classez les par ordre de préférence : 1er choix, 2e choix...). ... et la solution que vous refusez?»

a - déclenchement automatique par choc;

c1 - une touche courte portée (1 à 2 km);

c2 - une touche longue portée (>UP);

c3 - une touche très courte portée;

d1 - sélection typologie d'événement;

d2 - sélection d'un événement.

	A = a	B = a + c1 + (c3)	C = a + c1 + (c3) + c2	D = a + c1 + (c3) + d2*	E = a + c1 + (c3) + d1
1er choix		I	IIII	II	
2e choix		II	I	III	I
3e choix	II	II	I	I	I
Refus	RRR		R	R	RRR

3 – Décision

Consensus 100% : personne ne s'oppose à l'élimination des solutions A et E.

CYCLE 3/3, « ANALYSE POINTS FAIBLES » COMBINÉE AVEC « ANALYSE POINTS FORTS »

a - déclenchement automatique par choc;

c1 - une touche courte portée (1 à 2 km);

c2 - une touche longue portée (>UP);

c3 - une touche très courte portée;

d2 - sélection d'un événement.

1 – *Analyse*

Risques et points faibles B = a + c1 + (c3)
• manque liaison avec UP
Points forts B = a + c1 + (c3)
• simple • mode de communication original • équivaut à un «warning» longue portée
Risques et points faibles C = a + c1 + (c3) + c2
• deux choix possibles • UP ne sait pas pourquoi il est appelé, se déplacera-t-il?
Points forts C = a + c1 + (c3) + c2
• par rapport à B : liaisons avec UP en plus • solution restant simple
Risques et points faibles D = a + c1 + (c3) + d2
• abus possibles • nécessite un arrêt, est-ce toujours possible sans danger? • plus complexe que B et C
Points forts D = a + c1 + (c3) + d2
• complet et précis • responsabilise l'usager

U1 = usager qui est impliqué dans l'événement
U2 = usager qui est témoin de l'événement
U3 = usager qui est loin de l'événement
UP = usager professionnel susceptible d'intervenir après un événement

2 – *Sondage*

«Quelles sont vos trois solutions préférées? (classez les par ordre de préférence : 1er choix, 2e choix...). ... et la solution que vous refusez?»

	B = a + c1 + (c3)	C = a + c1 + (c3) + c2	D = a + c1 + (c3) + d2*
1er choix	III	II	II
2e choix	II	II	III
3e choix	I	III	I
Refus		R	R

3 – *Décision*

Consensus 100% : aucune solution n'est éliminée.

Aboutir au consensus

Consensus 100% : recommandations pour le développement d'un outil d'alerte et d'information inter-véhicules :

le système doit avoir les fonctions suivantes (solutions élémentaires communes à B, C et D) :

- a - déclenchement automatique par choc;
- c1 - une touche courte portée (1 à 2 km);
- (c3) - éventuellement une touche très courte portée.

Le système pourrait avoir en plus :

- c2 - une touche longue portée (>UP);
- d2 - sélection d'un événement (à l'arrêt).

Compte tenu de la part commune très forte entre les solutions B-C-D, nous sommes entre les situations 1 et 3 de la phase «aboutir au consensus».

Cette situation conduit à une formulation originale de la décision : consensus 100% en faveur de a+c1+(c3) avec éventuellement c2 et/ou d2 en plus.

Conclusion

Quel que soit votre sujet, les cas réels présentés vous démontrent que le consensus final est garanti.
Par ailleurs, ils soulignent la simplicité de la méthode ainsi que son adaptation à tous types de sujets.
Vous avez pu constater que les sondages non nominatifs exploitent les connaissances réelles et les impressions et sentiments des participants. Et, lors de la décision, les individus sont respectés, le choix n'est jamais forcé : chaque participant a un droit de veto quant aux décisions.
C'est pourquoi nous pouvons affirmer que le consensus résulte d'un choix collectif fort et non pas d'un compromis.
Par conséquent, la méthode COCYANE vous décharge du stress de la décision, vous permet de faire les meilleurs choix très en amont d'un projet et supprime la plupart des causes de conflits.

Si la décision est remise en cause ultérieurement par une personne extérieure au groupe, vous pouvez démontrer facilement (à l'aide du compte-rendu) la pertinence du choix réalisé.

CHAPITRE 8

ADAPTER LA FORMULE SELON LA COMPLEXITÉ DES SUJETS

Les méthodes performantes sont-elles réservées aux sujets importants?

Les chapitres précédents vous ont permis de comprendre la méthode d'aide à la décision en trois étapes :
• étape 1 : identifier et analyser les **besoins** actuels et futurs de votre produit, de votre service, de votre organisation...;
• étape 2 : rechercher et imaginer le maximum de **solutions** qui répondent aux besoins identifiés;
• étape 3 : **choisir** les solutions les plus pertinentes.
Ce chapitre vous propose des combinaisons de moyens en fonction de la complexité et de la nature de votre sujet.

Programme pour des sujets simples

Constitution du groupe

Constituez un petit groupe pluridisciplinaire (trois à six personnes). Animez vous-même les sessions (n'oubliez pas de rester neutre).

Par exemple :
• définir un profil de poste
• résoudre un problème sur une chaîne de production
• définir un stand (salon professionnel) définir le nom d'un produit

Etape 1 : identifier et analyser les besoins

Réalisez le cahier des charges fonctionnel : une demie session à deux sessions de quatre heures.

Vous pouvez utiliser, en en limitant la durée, par exemple :

- un brainstorming +
- une analyse de l'environnement +
- une analyse des tâches de l'utilisateur.

Etape 2 : rechercher et imaginer les solutions

Recherchez et imaginez des solutions : une demie session à deux sessions de quatre heures.

Limitez-vous à la phase «imaginer» puis faites apparaître les carrefours stratégiques.

Etape 3 : choisir les solutions les plus pertinentes

Réalisez vos choix suivant le mode consensuel : environ une demie session de quatre heures.

Programme pour des sujets moyennement complexes

Constitution du groupe

Constituez un groupe pluridisciplinaire de taille moyenne (six à huit personnes). Animez vous-même les sessions (n'oubliez pas de rester neutre) ou faites appel à un animateur externe si le sujet est trop complexe ou passionnel.

ETAPE 1 : IDENTIFIER ET ANALYSER LES BESOINS

Réalisez le cahier des charges fonctionnel : deux à trois sessions de quatre heures (une demie session à une session pour identifier les fonctions + une à deux sessions pour structurer et décrire les fonctions).

Vous pouvez utiliser par exemple :

x = méthodologie recommandée; (x) = facultative

Méthodologies	**Produits et services**	**Organisations**	**Autres projets**
brainstorming		X	(X)
analyse de l'environnement	X	X	X
analyse des utilisateurs	X	X	X
analyse de la vie du produit	X		
check-lists de fonctions	(X)	(X)	(X)
analyse produits concurrents	(X)		(X)
analyse des risques	(X)	(X)	X
conception à l'écoute du marché	(X)		(X)

Exemples «produits» et «services» :
- concevoir un siège de bureau;
- définir une nouvelle ligne de production
- définir un nouveau service bancaire
- définir un aménagement urbain

Exemples «organisations» :
- restructurer un service interne à une entreprise ou une à administration
- améliorer un service public
- gérer un événement exceptionnel (porte ouverte, déménagement d'une entreprise...)

Exemples «autres projets» :
- définir la stratégie de développement d'une entreprise (fusion, acquisitions...)
- réaliser un référentiel de gestion de projet

ETAPE 2 : RECHERCHER ET IMAGINER LES SOLUTIONS

Recherchez et imaginez des solutions : deux à trois sessions de quatre heures.

Utilisez par exemple la phase «imaginer» et la phase «penser autrement» puis faites apparaître les carrefours stratégiques.

ETAPE 3 : CHOISIR LES SOLUTIONS LES PLUS PERTINENTES

Réalisez vos choix suivant le mode consensuel : environ une session de quatre heures.

Exemples «produits» et «services» :
- concevoir un nouveau concept de salle de bain
- concevoir une nouvelle gamme de machines à café
- concevoir un laminoir

Exemples «organisations» :
- restructurer une entreprise
- réaliser un référentiel de gestion d'agences (banques...)

Exemples «autres projets» :
- définir un système informatique de gestion de la circulation routière
- définir un système, embarqué sur les véhicules, d'alerte des secours et des autres usagers en cas d'accident

Programme pour des sujets complexes

CONSTITUTION DU GROUPE

Constituez un groupe pluridisciplinaire lourd (dix à quatorze personnes) et faites appel à un animateur externe.

ETAPE 1 : IDENTIFIER ET ANALYSER LES BESOINS

Réalisez le cahier des charges fonctionnel : quatre à cinq sessions de quatre heures (une session pour identifier les fonctions + trois à quatre sessions pour structurer et décrire les fonctions).

Vous pouvez utiliser par exemple :

x = méthodologie recommandée; (x) = facultative

Méthodologies	Produits et services	Organisations	Autres projets
brainstorming		X	(X)
analyse de l'environnement	X	X	X
analyse des utilisateurs	X	X	X
analyse de la vie du produit	X		
check-lists de fonctions	(X)	(X)	(X)
analyse produits concurrents	(X)		(X)
analyse des risques	(X)	(X)	X
conception à l'écoute du marché	(X)		(X)

ETAPE 2 : RECHERCHER ET IMAGINER LES SOLUTIONS

Recherchez et imaginez des solutions et définissez les grandes orientations de votre projet : trois à quatre sessions de quatre heures.

Cherchez des solutions à l'aide de l'ensemble des phases que je vous propose puis faites apparaître les carrefours stratégiques.

ETAPE 3 : CHOISIR LES SOLUTIONS LES PLUS PERTINENTES

Réalisez vos choix suivant le mode consensuel : environ deux sessions de quatre heures.

Programme pour gérer une situation de crise

CONSTITUTION DU GROUPE

Constituez un groupe pluridisciplinaire qui comprend les personnes directement concernées par la situation de crise. Animez vous-même les sessions (n'oubliez pas de rester neutre) ou faites appel à un animateur externe si le sujet est trop passionnel.

Par exemple :
- gérer une grève
- gérer un accident industriel

ETAPE 1 : IDENTIFIER ET ANALYSER LES BESOINS

Réalisez le cahier des charges fonctionnel : une demie session à deux sessions de quatre heures (les deux sessions de quatre heures peuvent être regroupées sur une unique journée).

Vous pouvez réaliser un brainstorming que vous complétez par une analyse de l'environnement.

Si les délais imposent une réponse quasi immédiate, vous pouvez réaliser l'ensemble de ce programme sur un ou deux jours (suivant la complexité du sujet).

ETAPE 2 : RECHERCHER ET IMAGINER LES SOLUTIONS

Recherchez et imaginez des solutions : une demie session à deux sessions de quatre heures (les deux sessions de quatre heures peuvent être regroupées sur une unique journée).

Utilisez par exemple la phase «imaginer» et la phase «rebondir» puis faites apparaître les carrefours stratégiques.

Etape 3 : choisir les solutions les plus pertinentes

Réalisez vos choix suivant le mode consensuel : environ une demie session de quatre heures.

Périodicité de vos sessions

La périodicité idéale, hors situation de crise, est de une à deux sessions de travail en groupe par semaine. Cette périodicité vous permet de progresser rapidement tout en sollicitant modérément les membres de votre groupe (environ quatre heures par semaine).

CONCLUSION

N'est-ce pas une forme de bonheur de manager efficacement, l'esprit serein, en respectant et en valorisant les individus?

Est-il nécessaire d'associer notre nom à une idée pour que nous soyons reconnus par notre entourage?

Ne sommes nous pas tous un peu «manager décideur» et adepte de l'association «idée/individu?» avec tous les effets négatifs associés?

En suivant la méthode d'aide à la décision que je vous propose, votre énergie ne se focalise plus sur les solutions mais se concentre sur un processus.

Vous avez vu que ce processus, basé sur les trois étapes : BESOINS – SOLUTIONS – CHOIX, est intrinsèquement fiable et performant. Il vous conduit aux meilleures solutions de manière sûre et systématique.

Par ce processus, votre groupe de travail a compris que le consensus n'écrase pas les différences entre individus mais, bien au contraire, se construit grâce à ces différences.

Ceci amène votre entourage à vous reconnaître à un niveau supérieur : en plus de la meilleure performance que vous apportez, vous êtes reconnus parce que vous permettez aux «autres» d'exister.

N'est-ce pas une forme de bonheur de manager efficacement, l'esprit serein, en respectant et en valorisant les individus?

ANNEXE

Quelques techniques d'animation

Quels supports utiliser ?

Les outils de base sont le tableau papier (paper board) et le rétroprojecteur.

Personnellement, lors de l'animation d'un groupe, je préfère exploiter un rétroprojecteur plutôt qu'un vidéo projecteur pour les raisons suivantes :
• un rétroprojecteur est plus fiable (moins de composants) ;
• un rétroprojecteur portable est plus facile à déplacer (volume et masse moindres) ;
• les mises à jour manuelles directement sur les transparents soulignent les modifications ;
• le rétroprojecteur impose un style plus dynamique : attitude debout pour changer ou rechercher des transparents dans un classeur... À l'opposé, le vidéo projecteur tend à rendre l'animateur passif et le fixe sur son clavier plutôt que sur le groupe ;
• le rétroprojecteur est plus lumineux ;
• le coût du rétroprojecteur est inférieur.

Lors de la recherche de fonctions :

- un tableau papier pour noter ce que disent les participants (voir méthodes pour identifier les fonctions). Pour donner aux participants une vision globale, affichez l'ensemble des feuilles remplies sur les murs de la salle de réunion;
- un rétroprojecteur ou un vidéo projecteur pour présenter des check-lists de fonctions.

Lors de la constitution du cahier des charges fonctionnel (à ce stade, les fonctions sont saisies dans un tableur) :

- un rétroprojecteur ou un vidéo projecteur : rajoutez les critères d'appréciations, flexibilités, appréciations et coûts objectifs directement sur les transparents ou sur le tableur vidéo projeté (voir encadré ci-contre) ;
- un tableau papier en complément si nécessaire.

Lors de la recherche de solutions :

- un rétroprojecteur ou un vidéo projecteur pour présenter le cahier des charges fonctionnel et, si vous en disposez, les solutions antérieurement trouvées;
- des feuilles format A5 (demi A4) pour permettre aux participants de noter ou dessiner leurs idées (distribuez aux participants des feutres en quantité, des ciseaux, des gommes...).

Lors de la décision :

- un rétroprojecteur ou un vidéo projecteur pour présenter le cahier des charges fonctionnel et les carrefours stratégiques identifiés;

- un tableau papier pour noter intégralement les différents cycles «analyse/sondage/décision». Pour donner aux participants une vision globale, affichez l'ensemble des feuilles remplies sur les murs de la salle de réunion.

Comment réaliser les supports projetés (transparents ou vidéo projection)?

Les supports projetés (transparents ou vidéo projection) doivent respecter les règles suivantes :

Exception : la quantité de données d'un cahier des charges fonctionnel rend difficile le respect de ces règles.

- employez des hauteurs de caractères supérieures à 5 mm;
- représentez le juste nécessaire, évitez les supports trop détaillés ou trop complexes (le support ne sert qu'à assister vos commentaires);
- jouez sur les couleurs pour mettre en avant les informations essentielles (sur les transparents, un simple sur lignage au feutre fait l'affaire).

Comment exploiter un rétroprojecteur?

Utilisez la technique «marche arrêt» . **Eteindre** votre rétroprojecteur à chaque changement de transparent présente les avantages suivants :

- votre vue est préservée (ampoule halogène de 500 W : danger lié aux UV);
- vous recentrez l'auditoire sur votre personne et non pas sur l'écran (la lumière de l'écran attire le regard à votre détriment);
- vous n'êtes pas «masqué» (effet contre jour) par l'écran blanc hyper lumineux qui, par ailleurs, éblouit l'auditoire;
- vous ne gênez pas l'auditoire pendant le changement et le positionnement des transparents.

Comment captiver l'auditoire?

- changez de rythmes; recentrez l'auditoire avec des anecdotes, faites rire le groupe;
- soignez votre attitude : position debout, occupez l'espace (déplacez vous), privilégiez une attitude bras légèrement écartés paumes orientées vers l'auditoire, regardez les participants, souriez, ne montrez pas votre dos au groupe :

Le contenu est supposé passionnant et bien construit.

- évitez d'agresser le groupe : par exemple ne pointez pas les participants du doigt :

- alternez les supports : tableau papier, rétroprojecteur, pas de support... Evitez les vidéos projections trop longues qui vous font oublier par l'auditoire et qui finissent par endormir les participants :

Comment gérer les temps de parole des participants ?

Veuillez à ce que les temps de parole des participants restent assez proches. Le rapport des temps de parole entre les participants qui parlent le plus et les participants qui parlent le moins ne doit pas dépasser trois. Par conséquent, sollicitez les participants les plus discrets et n'hésitez pas à interrompre les participants les plus volubiles.

Rappel : Rôle de l'animateur : pendant les sessions de travail en groupe, il est le garant du bon déroulement du processus préétabli et il s'assure que les règles de fonctionnement du groupe sont respectées. Lors des intersessions, l'animateur structure les résultats de la session, réalise le compte-rendu et définit le programme et les méthodologies pour la session à venir.

Comment gérer les débats hors sujet ?

Lorsque le groupe s'engage sur des thèmes hors sujet, il est profitable de laisser le groupe diverger quelques instants. Un débat hors sujet peut déboucher sur de nouvelles idées en rapport avec le sujet. Dès que ce type de débat semble improductif, recentrez le groupe sur le sujet. En cas de doute, n'hésitez pas à consulter le groupe sur l'opportunité de poursuivre ou non le débat hors sujet.

Comment introduire les méthodologies retenues ?

Avant de suivre une méthodologie, présentez la et expliquez la raison pour laquelle vous l'avez retenue lors de la préparation.

Rappel : Rôle du chef de projet : lors des sessions, le chef de projet participe aux sessions en tant que membre du groupe sauf s'il est lui même animateur. Lors des intersessions, le chef de projet complète et valide les propositions de l'animateur (structuration des résultats et définition du programme de la session à venir).

Comment vous garantir des défauts de matériel ?

Testez le matériel la veille et/ou venez avec votre propre matériel :

- feutres (en quantité) ;
- rétroprojecteur et écran mobile (un écran fixé au mur limite les possibilités d'exploitation de la salle) ;
- pointeur (baguette télescopique ou pointeur laser) ;
- tableau papier et réserve de papier ;
- scotch pour coller les feuilles aux murs. Pensez à vérifier que les murs supportent le scotch (les murs peints, les vitres, la moquette, les tapisseries peintes, les crépis supportent bien le scotch ; attention aux tapisseries non peintes).

Comment disposer la salle ?

- évitez la disposition en enfilade : les participants ne voient pas bien et se fatiguent (torticolis), la surface d'affichage est réduite et l'espace de l'animateur est limité :

Une telle configuration est incompatible avec un écran fixé au mur d'où la nécessité de disposer d'un écran mobile.

- privilégier la disposition «en travers» qui est agréable aux participants et qui vous permet d'exploiter les murs pour l'affichage :

- évitez de vous positionner à contre jour (idem pour l'écran) ;
- préparez la salle la veille.

BIBLIOGRAPHIE

Analyse des erreurs et de leurs causes

FINKELSTEIN (S), *Quand les grands patrons se plantent*, EDITIONS D'ORGANISATION

MOREL (C), *Les décisions absurdes*, FOLIO ESSAIS

HULOT (N), *Le syndrome du Titanic*, CALMANN-LEVY

Analyse de la valeur

ADAM (B), *Animer une étude analyse de la valeur - Guide pratique des procédés et des techniques efficaces*, ESF EDITEUR – ENTREPRISE MODERNE D'EDITION – LIBRAIRIES TECHNIQUES

ADAM (B.), *L'analyse de la valeur - Stimulant des ressources humaines»*, ENTREPRISE MODERNE D'EDITION

RAVENNE (C.), *L'analyse de la valeur*, ENTREPRISE MODERNE D'EDITION

CHEVALIER (J.), *Analyse de la valeur produits*, CEPADUES EDITIONS

DELAFOLLIE (G.), *Analyse de la valeur*, HACHETTE TECHNIQUE

CHEVALIER (A.), *Guide du dessinateur industriel*, HACHETTE TECHNIQUE

Normes européennes et Normes françaises, NF EN 1325-1 / FD X 50-101 / NF X 50-150 / NF X 50-151 / NF X 50-152 / X 50-153, AFNOR

L'analyse de la valeur – Méthode d'innovation, ANVAR

Détermination des coûts de revient et prix de vente

BESCOS (P.L.) MENDOZA (C.), *Le management de la performance*, EDITIONS COMPTABLES MALESHERBES

MEVELLEC (P.) *Outils de gestion - La pertinence retrouvée*, EDITIONS COMPTABLES MALESHERBES

DOYLE (D.P.), *La maîtrise des coûts, une approche globale*, EDITIONS D'ORGANISATION

LORINO (P.), *Le contrôle de gestion stratégique - La gestion par les activités*, DUNOD

GRANGE (P.), *Piloter les coûts des produits industriels – Outils et méthodes pour concevoir au moindre coût*, DUNOD

MAINDRAULT (T.), *Fixez votre prix*, CHOTARD & ASSOCIES EDITEURS

QFD (Quality Function Deployment)

ZAÏDI (A.), *QFD*, LAVOISIER TEC & DOC

VIGIER (M.G.), *La pratique du QFD*, LES EDITIONS D'ORGANISATION

FIORENTINO, *QFD*, AFNOR

YOJI AKAO, *QFD – Prendre en compte les besoins du client dans la conception du produit*, AFNOR

■ *Management, négociation, rapports humains*

LAUNAUY (R.), *La négociation*, ESF EDITEUR – ENTREPRISE MODERNE D'EDITION – LIBRAIRIES TECHNIQUES

CHALVIN (D), *Anti-manuel de management – Comment saborder sa carrière et couler son entreprise*, L'ARCHIPEL

BELLENGER (L.), *Les outils du négociateur – Consulter, argumenter, réfuter*, ESF EDITEUR

BERNE (P.), *Managez par objectifs*, CHOTARD & ASSOCIES EDITEURS

MOREAU (Y.), *L'entretien de recrutement - L'étude de poste*, CHOTARD & ASSOCIES EDITEURS

SANANES (B.), *Communiquer sans stress – Maîtriser ses relations avec les autres*, DUNOD

AUGER (G), PAPERON (P.), *Devenir un bon manager*, DUNOD

HELLER (R.), *Savoir motiver*, MANGO PRATIQUE

LEFEVRE (J.M.), *Savoir communiquer – 41 règles pour convaincre et séduire*, DUNOD

LAURENT (L.), *Savoir négocier – 20 tactiques qui ont fait leurs preuves*, DUNOD

■ *Marketing, stratégie*

GOYHENETCHE (M.), *Le marketing de la valeur*, INSEP EDITIONS

DELERM (S.) HELFER (JP.) ORSONI (J), *Les bases du marketing*, VUIBERT EDUCAPÔLE GESTION

FRISCH (F.), *Les études qualitatives*, LES EDITIONS D'ORGANISATION

GUICHADAZ (P.) LOINTIER (P.) ROSE (P.), *L'info guerre – Stratégie de contre intelligence économique pour les entreprises*, DUNOD

■ *Organisation*

MAURINO (M.), *La gestion des données techniques – Technologie du concurrent engineering*, MASSON

SIMONET (J.), *La maîtrise des méthodes d'organisation dans l'entreprise*, LES EDITIONS D'ORGANISATION

KAZMIERCZAK (A.), *Client fournisseur dans l'entreprise*, CHOTARD EDITEURS

Créativité, autres méthodologies

ROMAGNI MORIOU ORVOEN BOST, *4 outils pour changer l'entreprise – Benchmaking…*, LES PRESSES DU MANAGEMENT

DEMORY (B.), *Techniques de créativité*, CHOTARD & ASSOCIES EDITEURS

BRABANDERE (L.), MIKOLAJCZAK (A.), *Devenir plus créatif*, DUNOD

Animez un cercle qualité, CHOTARD & ASSOCIES EDITEURS

Animation

COMBES (J.E.), *10 conseils pour animer une réunion*, PUBLI UNION

COURAU (S.), *Présenter en public vos produits et vos idées*, CHOTARD EDITEURS

LEBEL (M-F. P.), *Vade-mecum du formateur occasionnel*, EDITIONS D'ORGANISATION

ROZEZ (G.), *15 techniques pour convaincre*, CHOTARD & ASSOCIES EDITEURS

Communication, vente, achats

AVRIL (P.), *L'écoute du client – Les fondements psychologiques de la vente*, LES EDITIONS D'ORGANISATION

DENNY (R.), *Vendre, c'est simple – Les règles d'or du vendeur professionnel*, TOP EDITIONS

AGUILAR (M.), *Vendeur d'élite*, DUNOD

SALLE (R.), SILVESTRE (H.), *Vendre à l'industrie*, LES EDITIONS LIAISONS

JONES (M.), *Les achats, c'est simple – Guide pratique de l'acheteur en entreprise*, TOP EDITIONS

Composé par PCA

N° éditeur : 3139

Dépôt légal : janvier 2022
Imprimé en Allemagne par BoD